미라클 가이

MIRACLE GUY

당신이 하나님을 더 깊이 알아가고 더 널리 알리는 사람이 되는 것, 이 책에 담긴 도서출판 예수전도단의 마음입니다. 말씀을 통해 저자가 깨닫고, 원고를 통해 저희가 누렸던 그 감동이 책을 통해 당신에게도 전해지기를 원합니다. 그리고 당신을 통해 그 기쁨과 은혜가 더 많은 이에게 계속해서 흘러가기를 기도하겠습니다. 이 책을 통해 당신이 받은 은혜를 다른 분들에게도 나눠주십시오. 사랑하고 축복합니다.

© 홍성원 2021

본 저작물의 한국어판 저작권은 도서출판 예수전도단에 있습니다.
저작권법에 의해 보호받는 저작물이므로 무단 전재와 복제를 금합니다.

MIRACLE GUY

미라클 가이

홍성원 지음

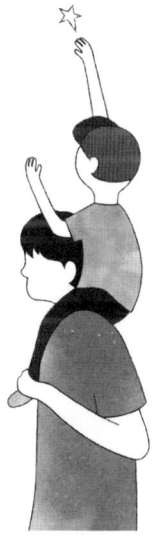

예수전도단

소아 조로증(프로제리아_Progeria)은
어린아이들에게 조기 노화 현상이 나타나는 질환으로
전 세계적으로도 150여 명밖에 보고되지 않은 희소 질환이다.
평균 수명이 15~17세밖에 되지 않아
치명적인 질환으로 불리지만,
아직까지도 마땅한 치료 약이 존재하지 않으며
대부분 임상시험 중에 있다.

책을 펼친 당신에게

원기의 병을 알고 인정하기까지 적지 않은 시간이 흘렀습니다.
그 시간을 되돌아보니 내가 한 것이라곤 그냥 하루하루 최선을 다해
원기의 아버지로 살아낸 것뿐입니다.

그런데 그런 평범한 일상 가운데 평범치 않은 답이 있더군요.
하루하루 성실하게 최선을 다해 살아온 시간은
나를 조금은 나은 부모로, 신앙인으로 성장케 했습니다.

이런 결과를 기대한 것이 아닙니다.
아니 무언가를 기대할 수조차 없는 시간이었습니다.

'우리 원기는 꼭 나을 거야.'
'계속 이렇게 하나님께 기도하며 나아가야지!'

이런 다짐을 할 수도 없을 만큼 모든 날이 치열했습니다.
하루하루를 원기와 잘, 살아내는 게 할 수 있는 최선이었습니다.
그저 모든 내 마음을 전부 원기에게 쏟아냈습니다.

누군가 묻습니다.
"어떻게 그러실 수가 있었어요?"
"저라면 못할 거 같아요."

기쁘게 밝힙니다.
이 모든 시간은 나의 의지로 이뤄낸 것이 아닙니다.
내가 하고 싶다고 할 수 있는 일이 아닙니다.

나의 아버지, 하나님께서 주신 마음 덕분입니다.

그 마음을 나누고 싶습니다.
여전히 원기와 우리 가족의 삶은 완벽하지 않지만,
완벽하게 행복합니다.
그 이유를 나누고 싶습니다.

이 책의 한 구절이,
누군가에게 다시 일어설 수 있는
따뜻한 이유가 되길 기도합니다.

2021. 12.
원기 아빠 홍성원

추천사 I

"그저 평범하게 살고 싶어요!"

살다 보면 그 평범하게 살고 싶다는
작은 소망도 지킬 수 없는 순간이 온다.
높이 오르고 싶은 것도 아니고, 그저 평지에서 잔잔히 살고 싶지만
뜻대로 되지 않는다.
어느 한순간 발밑을 보니 낭떠러지다.

태어날 때부터 희소병인 '소아 조로증'을 가지고 태어난
원기가 그러했고,
그의 아버지 홍성원이 그러했다.
깊은 수렁에서 좀처럼 희망이 보이지 않았던
그와 그의 아들 원기는
미저러블(비참함)에서 매일 한 걸음씩 내디디며
미라클(기적)을 만들어 내고 있다.

열두 살까지밖에 살지 못할 거라는 선고와 달리
원기는 열여섯 살의 어엿한 청소년이 되었다.

평범해지고 싶지만, 수렁에 빠져 있다고 느끼는 사람에게
이 책을 권하고 싶다.
원기와 원기 아빠의 손을 잡는다면
어느덧 우리도 내 안의 거대한 힘인
'미라클'을 만나게 될 것이라 믿는다.

―――

김미경
연남타운 크리에이티브 대표

추천사 Ⅱ

딸아이에게도 작은 장애가 있다.
아이를 볼 때마다 하나님께 따져 묻는다.
왜 그러셨는지, 꼭 그래야 했는지 이유를 묻는다.

희소병을 앓는 아들을 키우면서 저자 또한
수없이 절규와 같은 질문을 했으리라.
하지만 하나님은 말씀이 없다.
故 박완서 작가도 아들의 죽음을 겪으면서 기록한 일기에서
왜 사랑하는 자식을 먼저 데리고 가야만 했는지,
그 이유 '한 말씀만' 답하시라며 절규했다.
하지만 그 비통한 질문은 결국 성찰과 고백으로 돌아온다.
말이 아닌 삶으로 답하시는 하나님의 방식이다.

저자는 그렇게 자기 삶에 심어진 하나님의 답변을
이 책에 글로 담았다.

삶 가운데 고통의 시간을 지나는 모든 이들에게
이 책이 희망과 용기가 될 것이라고 믿는다.

———

구범준 PD

세바시 대표이사

추천사 Ⅲ

홍성원 목사님과 첫 단행본 작업을 할 때가 아직도 생생하다.
목사님을 만나면 만날수록, 원기의 이야기를 접할수록
그동안 한 번도 경험해보지 못한 감정이 밀려왔다.
몇 년간 목사님과 교제를 이어가며
그 감정은 어렴풋한 관념에서 또렷한 현실이 되어 내게 다가왔다.

그것은 어떤 힘이었다.
차츰 깨달았다.
목사님의 삶, 그가 들려주는 이야기를 관통하는
메시지가 주는 힘이라고.
바로 '일상', '평범', '성실'이다.
무심코 지나치기 쉬운, 잊고 산 단어들이었다.
이 책을 보며 다시금 그 힘에 대한 확신이 들었다.

"우리 각자에게 심어진 하나님의 형상을 하나하나 발견해
그 조각들을 맞춰가는 것"

목사님의 이런 고백이 어쩌면 너무 일상적이고
평범해 보일 수 있다.
하지만 그것이 바로
우리가 이뤄낼 참 신앙의 모습이라는 것을 안다.

이 책에 나온 목사님과 원기의 삶이
참 신앙을 따르기 위해 분투하는 즐거운 몸부림처럼 느껴져
읽는 내내 큰 위로와 힘을 얻었다.
목사님과 원기 이야기를 읽으며
우리를 향한 하나님의 마음을 조금이나마 느껴보길 바란다.

―――

천경호
루아크 대표

프롤로그.

미라클 가이
MIRACLE GUY

언제부터였을까?
어릴 적부터 기적이라는 단어를 참 좋아했다.
내가 생각했던 기적은
대부분 사람이 어린 시절에 영화나 드라마 속에서 경험했던
'히어로' 같은 것이었다.
절대 해결할 수 없을 것 같은 불가능한 임무를 완수하고
위기에 빠진 사람들에게 평화를 되찾아주기도 하며
때로는 초능력을 발휘해 세상을 구하고
높은 빌딩 위에서 평화로운 세상을 만끽하는
그런 존재…! 누구나 쉽게 떠올리는 그런 의미였다.
나 역시 그런 세상의 중심이 되고 싶었다.
내 손으로 세상에 특별함을 선사하는
멋들어진 기적을 만드는 사람이 되고 싶었다.

하지만 그 순진한 착각이 깨지는 데
그리 오랜 시간이 걸리지 않았다.
이미 사춘기 시절, 나는 미라클 가이가 아님을 알았다.
내 삶은 내가 그토록 바라고 꿈꾸던 미라클(miracle)이 아닌
오히려 미저러블(miserable:비참한)에 가까웠다.
그렇게 삶은 늘 의도치 않은 방향으로 흐르기 마련이다.
간단하지도, 단순하지도 않다.
돌아보니 어쩌다 신학교에 입학했고
준비되지 않은 채 결혼과 출산을 겪었다.
그리고 원기가 100일이 갓 지날 무렵
미저러블한 내 삶은 절정에 다다랐다.
차라리 내일은 눈을 뜨지 않았으면 좋겠다 하는
암담함과 싸우기도 여러 날이었다.

세상의 모든 고통과 시련의 가시가
죄다 나를 찌르는 듯한 통증을 느끼기도 했다.
끝도 없는 블랙홀에 빠져 허우적대고
애꿎은 세상을 향해 갖은 비방과 분노를 토해낸 적도 많았다.
그렇게 해야만 겨우 숨이라도 쉴 수 있을 것 같은 시간이었다.

그런데 이게 웬일인가. 나는 지금 다시 기적을 말한다.
우리 원기가 바로 미라클 가이(miracle guy)임을,
나 자신도 미라클 가이임을 자처한다.
나아가 이 세상에 드러나지 않은 수많은 미라클 가이가 있다고
자신 있게 공표한다.
20년도 훌쩍 지나버린 기억도 가물가물한 그 날
이메일의 아이디를 미라클 가이(miracle guy)로 만든 것은
이미 예견된 일이었다고,
바로 오늘을 위함이었다고 힘주어 말한다.

그렇다. 내 삶에 기적이 일어났다.
열두 살을 넘기 힘들 거라 했던 내 아들 원기는 벌써 열여섯 살이 되었고
이제 곧 주민등록증이 나온다며 흥분을 감추지 못한다.
많은 이가 어렵다고 했던 삶을 보란 듯이 살아내는 아들을 보며
내 삶을 오롯이 물들인 기적을 만난다.
더불어 나와 내 아들의 하루하루를 그저 흐뭇하게 바라보실
하나님 아빠의 마음을 뜨겁게 느끼며…,

나는 오늘도
미라클 가이와 함께
행복한 미라클 가이로 살아간다.

목차

추천사 10

프롤로그 16

미라클 26

완벽이 아닌 성실 30

그래서 긍정 36

네가 참 좋다 42

누구의 죄인가 I 44

누구의 죄인가 II 49

그렇게 아빠가 된다 54

아빠의 마음, 스플랑크니조마이	60
아빠의 소원	66
하나님의 개입	68
회복은 액괴다	74
그냥 들어만 줄래	82
고통과 맞짱 뜨기	87
'왜?'가 아닌 '어떻게'	96
키리에 엘레이손!	104
나의 약함, 그분의 강함	110

목차

나는 누구?	116
왼손잡이 에훗	121
착각	128
그래, 너는 특별하다	130
너는 지금도 충분하다	136
꿈 시그널	138
책임감	147
하나님은 과잉보호하지 않으신다	148
사랑을 실천하는 구체적인 방법	152

사랑의 힘 I	158
사랑의 힘 II	163
선한 사마리아인	170
하루만 볼 수 있다면	175
이별	180
죽음을 준비하다	182
삶의 흔적, 사랑의 흔적	192
원기이야기	194
에필로그	198

주어진 삶을 그저 살아가는 것,
너는 나의 것이 아니라 하나님의 것이라는 것,
세상의 모든 생명은 소중하다는 것,

이것을 깨닫는 순간,
기적은 일어난다.

"아빠, 나는 왜 계속 낫질 않아?"

머리카락이 다 빠진 머리를 매만지며, 원기가 묻는다.
속으론 뜨거운 눈물이 흐르지만, 애써 웃으며 말을 건넨다.

"원기야, 이 세상에 머리카락 없는 사람 정말 많아~
그러니까 너무 없는 것에만 슬퍼하지 말자.
대신 너는 아빠가 엄청난 사랑을 주잖아!"

어릴 때부터 아픈 아이일수록
근원적인 질문 한 가지를 품는 것 같다.

'우리 가족이 언제까지 나를 책임져줄 수 있을까?'

단언컨대 우리 원기는
이 질문에 대한 답을 확실하게 분명히 알고 있다.

'끝까지!'

아빠가 자신을 끝까지 책임지고 돌볼 것이라는 확신이
원기를 점점 달라지게 했다.

자신의 부족한 부분에 집중하는 것이 아니라
지금 행복한 순간에 집중하는 아이.
원기는 그런 달란트를 선물로 받았다.

하나님이 만드신 최고의 미라클 가이, 홍원기

완벽이
아닌
성실

나는 전능한 하나님이라

너는 내 앞에서 행하여 완전하라 창세기 17:1

"전능한…, 완전한…"
이 단어가 주는 중압감에 눌린 적이 있다.
누군가도 나와 같은 경험을 했으리라.
이 말씀은 아브라함에게 주신 말씀인데,
하나님께서 아브라함에게 엄격하고 완전한 삶을 요구하셨다고
이해하는 이가 많다. 한때는 나도 그랬으니까.
99세가 된 아브라함에게 하나님은 이삭을 주시겠다 약속하셨다.

그 후에 하신 말씀이 바로 이 말씀이다.

하나님과 아브라함은 어떤 사이였는가.

함께 밤하늘의 아름다운 별을 보며 담소를 나누던 친밀한 사이였다.

그런데 그런 하나님이 갑자기 아브라함에게

"너 이제부터 완전하게, 완벽하게 살아!"라고 하셨을까?

그럴 리 없다. 적어도 내가 아는 하나님은 그런 분이 아니다.

창세기 17장 1절 후반 말씀을 원어로 직역하면,

"너는 내 앞에서 걷고 타밈하거라."이다.

여기서 '걷는다.'라는 원어 '할라크'는

성경 전체에서 가장 많이 사용되는 단어 중 하나이다.

즉, 어디서나 어떤 상황에서나

그저 하나님을 믿고 의식하라는 뜻이다.

다시 말해 완전무결하고 완벽하게 행동하라는 뜻이 아니라

하나님과의 관계를 놓치지 말고

항상 하나님을 의식하며 행하라는 말이다.

그러면서 타밈하라고 말씀하신다.

'타밈'은 영어 성경에선 '흠이 없다, 책망할 것이 없다.'라는 뜻의

'blameless'로 번역됐다.

그러나 그 단어의 복음적인 뜻은
완전하신 하나님을 의지한다는 뜻이다.
즉, 자신의 부족함과 나약함을 철저하게 깨닫고
하나님을 의지하는 삶이 바로 타밈이다.

그래서 생각해본다.
하나님이 아브라함에게 말씀하신 완전하라, 타밈하라는 의미는
완벽이 아닌 성실에 가깝지 않을까.
하나님 앞에 충실한 삶,
마음을 다하고 성실하게 하루하루를 살아내는
건전하고 건강한 삶을 말씀하시지 않았을까 싶다.

"아브라함아,
 내가 그동안 너를 내 가슴으로 품고 먹였듯이
 이제 너도 이삭의 부모가 되어
 이삭을 잘 먹이고 잘 품으렴."

더불어 창세기 17장에서 느낀 하나님의 마음이 있다.
마치 장성한 자녀를 출가시키는 부모의 마음이다.
아브라함에게 이삭을 주시기 전까지는
하나님께서 아브라함을 돌보셨는데,
이제 아브라함을 당신의 품에서 떠나보내며
진짜 부모가 되라고 축복하는 듯한 장면이 연상됐다.
그렇다. 하나님께서 아브라함에게 요구하는 것은
완벽한 삶이 아닌 마음을 다하는 것이다.
그동안은 내가 너를 품 안에서 걸음마를 가르치며 키웠지만,
이제 널 거친 세상으로 보내려 하니
하루하루를 마음을 다해 성실하게 살라는 당부이기도 하다.
하나님이 원한 타밈의 삶은 이것이다.

타밈의 삶을 오해하던 시절,
하나님은 내게 완벽하고 흠 없는
무결점의 삶을 원하신다고 여겼다. 그렇게 믿고 살아왔다.
그런 무결점의 삶을 살아야 하는데, 이게 웬일인가.
태어난 내 아들은 너무나도 불완전하고 결점투성이였다.
인간의 눈으로 보기엔.

거기서 균열이 생겼다. 아주 심각하게.
결국 스스로 강박증에 사로잡혀 버렸다.
원기가 100일 되던 즈음 경피증 진단을 받았다.
그날 집으로 돌아와 가장 먼저
평소 즐기던 농구공과 게임 스틱을 모두 버렸다.
하나님 보시기에 조금이라도 결점이 된다면
다 버려야 한다고 여겼다.
아니 솔직히 내가 그런 행위를 하면
하나님께서 내 삶을 드라마틱하게 바꿔주실 거라 기대했다.
그런데 웬걸. 결과는 더 참담했다.
물론 이것도 인간의 눈으로 보기엔.

하나님께서 내게 원하셨던 것은 그런 행위가 아니다.
하나님은 우리에게 완벽한 삶을 원하신 것이 아니다.
균형 잡힌 삶 가운데 그저 하루하루를 성실히 살아가기 원하신다.
그러니 자기감정에 치우쳐
'내가 하나님께 뭔가를 완벽하게 바치면
하나님께서 퍼펙트한 인생으로 바꿔주시겠지!' 하는
기대는 버리길 바란다.

그렇게 여러 시행착오를 거치고 진짜 원기 아빠가 된 후,
원기 아빠로서 정말 성실한 삶을 살았다.
물론 우리 원기에겐 그런 존재가 필요하다.
몸이 점점 굳어 뻣뻣하니 양말도 혼자 신기가 힘들고,
조금만 걸어도 피곤함을 느껴 힘들어한다.
그래서 집 앞을 잠깐 나갈 때도
내가 손수 양말을 신기고, 늘 업어줘야 한다.
그래서인지 내 아들 원기는 날 너무 많이 의지한다.
그만큼 나는 원기에게 하루하루 더 성실한 아빠가 되어간다.
하나님이 원하시는 타밈의 삶을 깊이 깨달아간다.

"성원아.
 그냥 이 삶을 성실하게
 마음을 다해서 살아내라.
 내가 너를 가슴으로 품고 먹였듯이
 너도 네 아들을 가슴으로 품어서 먹여라."

그래서 긍정

한때는 상대방에게 희망을 주고 에너지를 주는 사람을
긍정적이라고 여겼던 때가 있다.
아마 많은 이가 고개를 끄덕일 대목이다.
그런데 살다 보니 그런 것은 일시적인 감정의 표현일 수도 있다.
술이나 커피 등 카페인 섭취로 인한.

원기의 병을 알고 혼란스러워할 때,
그간 알고 있던 긍정의 의미는 오히려 나에게 반감을 줬다.
긍정적으로 살라면서 어설픈 희망으로
더 어설픈 위로를 강요당했던 탓이다.

그래서 알게 됐다. 진정한 긍정은 내면에서부터 우러나오는
온유, 안정감, 평안함이라는 것을.
그런 것들을 가진 사람이
진짜 긍정적인 사람이라는 것을 알게 됐다.

우리의 삶은 결코 늘 해피엔딩이 아니다.
에덴동산을 떠나면서
우리에겐 가시덤불과 엉겅퀴가 가득한 삶이 당연해졌다.
그래서 혹자는 우리가 하나님을 믿으면
탄탄대로의 고속도로를 달릴 거라고도 생각한다.
안타깝지만 착각이다.
더러 그런 사람도 분명 있다. 하지만 모두 다 그렇지는 않다.
그것이 목적이 되어서는 더더욱 안 될 일이다.
가시덤불에 찔리면서도 직접 내 손으로 가시들을 치우고
엉겅퀴 같은 잡초가 우거진 비포장도로를
내가 직접 풀을 뽑으며 달려야 한다는 것을 알게 된 순간,
그런 삶을 살 수 있는 비결이 긍정에 있음을 더불어 깨달았다.
때론 같이 풀을 뽑아주고, 같이 걸어주고
때론 그저 같이 있어만 주는 긍정의 삶을 사는 사람,

정서적인 평안함과 안정감을 가진 그런 사람들이
긍정의 힘을 가진 사람이다.

우리 삶은 과정이다.
결과가 아닌 십자가를 지고 가는 과정이다.
그렇기에 결과는 반드시 좋을 거고
아름다울 거라는 단정을 지어서는 안 된다.
거기서 출발하면 긍정의 의미가 일그러진다.
때론 결과가 안 좋을 수 있다. 실패할 수도 있다.
혹여 그런 결과가 있더라도 그 결과로 나아가는 과정이 중요하다.
과정 속의 한 걸음 한 걸음이 선하면 된다.
그렇다고 하나님께서 좋은 것을 주실 것이라는
기대감을 버리라는 말이 아니다.
오직 자신이 생각하고 바라는 좋은 결과를 얻기 위해
이런저런 방법을 가져야만 한다는
강박증에서 벗어나라는 말이다.
오히려 하나님은 우리가 생각했던 결과가 아닌 다른 결과를 통해서
또 다른 가능성을 열어주시는 분이다.
그것을 믿는 것이 긍정이다.

긍정은 우리에게 주어진 상황을 마음을 다해 성실하게,
진심으로 살아내는 것이다.
어떤 사건이나 현상을 좋게 바라보는 시선의 문제가 아니다.
내가 이것을 살아낼 수 있느냐의 문제,
좋은 결과를 기대하는 마음이 아닌
과정을 온전히 받아들이고 살아낼 수 있느냐의 문제이다.
내가 기대하는 결과가 아닌
하나님이 주시는 결과를 받아들일 수 있는 마음이다.
여호와 이레의 하나님이 준비하신 어린 양을 발견해가는 것처럼
하나님이 주시는 것을 발견하는 마음이다.
내가 원하는 것을 얻기 위해 하나님을 조르고
그래서 그것을 얻어내는 것이 아닌
하나님께서 준비하신 것을 찾아가려는 성실한 노력,
그것을 통해 귀한 것을 발견하고 감사하는 마음이 긍정이다.

나에게 긍정이란, 원기가 낫는 것이 아니다.
내가 깨달은 긍정은, 원기는 낫지 않고 오히려 점점 약해짐에도
그것을 인정하고 받아들이며 하루하루를 성실히 살아내는 것이다.
그래서 나는 긍정적이다.

원기와 하루하루를 살아내며 하나님의 사랑을 더 깊이 알게 됐고,
아빠와 아들 사이의 끈끈하고 막강한 애정을 쌓아갔다.
무엇보다 나는 원기와의 삶이 너무 행복하다.
이것이 긍정이 아니고 무엇이겠는가!
돌아보니 이건 내가 전혀 예상했던 그림이 아니다.
출발은 그저 하나님께서 던져주신 마음을 가지고
하루하루를 살아낸 것뿐인데,
어느새 나는 꽤 긍정적이다.

그래서 오늘도
나는 긍정.

네가
참 좋다

나의 손길에 반응하는
네가 참 좋다.

알면서도 모른 척
받고서도 시큰둥한
그런 헛헛한 관계가 아닌

주는 대로
받는 대로
좋다. 고맙다. 사랑한다.

온몸으로 온 맘으로
솔직하게 표현하고 보여주는
네가 참 좋다.

누
구
의

죄
인
가
Ⅰ

요한복음 9장엔 놀라운 사건 하나가 기록돼있다.
바로 예수님께서 날 때부터 시각장애를 앓는 사람을
고쳐주신 이야기이다.
사건 자체도 놀랍지만, 내가 주목하는 부분은 따로 있다.
예수님께 던진 제자들의 질문이다.

랍비여 이 사람이 맹인으로 난 것이 누구의 죄로 인함이니이까
자기이니까 그의 부모이니까 요한복음 9:2

참으로 놀랍다.

2천 년 전 제자들이 던진 질문은

지금 우리의 시선과도 너무나 닮아있다.

병 자체나 병을 앓고 있는 사람들을 바라보는 시선 말이다.

살다 보면 함께 신앙생활을 하던 누군가가

원치 않는 병을 얻거나 사고를 당하는 일이 종종 생긴다.

그럴 때 우리의 반응은 어떠한가?

한편으로는 안타까운 심정을 갖지만,

또 한편으로는 분명 무슨 이유가 있을 것이라고 단정한다.

마음속에 갖는 마음은 대부분 비슷하다.

단지 말로 표현하지 않을 뿐이다.

그가 병에 걸린 이유는 분명 어떤 잘못, 즉 죄 때문이라고 여긴다.

분명히 그럴만한 죄나 실수를 저질렀기 때문이라고 결론짓는다.

2천 년 전에도, 지금도 그렇다.

사실 나 역시, 내 아들의 병을 죄로 여기며 살던 시절이 있다.

내 아들 원기는 태어난 지 100일이 지날 무렵부터

여느 아이들과는 다른 모습이었다.

그 또래 아이들의 피부와 살은 말랑말랑하고 부드럽지만

원기는 피부가 붉고 단단했다.
특히 팔과 허벅지는 군데군데 뭔가가 뭉쳐있는 듯한 느낌이었다.
후에 그런 증상이 소아 조로증의 전형적인 증상임을 알았지만,
당시는 너무나 희귀한 병이었기에
의사들조차도 원인을 알아내지 못했다.
당시 나도 원기에게 닥친 비극이 내 죄 때문이라고 여겼다.
그래서 그 죄를 없애기 위해
신앙인으로 할 수 있는 모든 최선을 다했다.
새벽기도, 금요 철야, 치유 집회에
심지어 집으로 사역자를 모셔서 귀신을 쫓아내는
축사 사역을 한 적도 있다.
치열하고 처절하게, 내 모든 힘과 목숨을 다할 각오로
죄를 씻기 위한 노력을 했다.

하지만 원기의 증세는 전혀 나아지지 않았고,
계속해서 깊은 죄책감에 시달려야 했다.
그러다 결국 알게 됐다.
원기가 다섯 살 되던 해 가을 무렵,
원기가 소아 조로증임을 알았다.

그날 밤, 나는 병실에서 수백 번도 넘게
하나님에게 '왜'라는 질문을 던졌다.

'왜 나에게 이런 일이 일어났습니까?'
'왜 하필 우리 원기인가요?'
'제가 하나님께 그렇게 큰 죄를 지었나요?'

답을 찾을 수도 없는 질문들을 수없이 쏟아냈다.
그 질문에 파묻혀 숨을 쉬기조차 힘든 상황이었다.
절규에 가까운 내 질문에 하나님은 어떤 말씀도 하지 않으셨다.
나는 하나님이 나와 내 아들에게
끝까지 심판을 거두지 않았다고 느꼈다.
슬프고 무섭고 두려웠다.
급기야 분노가 폭발하며 어쩔 줄 모르는 지경까지 이르렀다.
원망, 자책, 슬픔, 아픔이 뒤엉켜 터질 것 같은 가슴을 부여잡고
밤새도록 울었다.
내가 할 수 있는 것은 그것뿐이었다.
엄마와 처음으로 떨어져 병원 침대에서 이리저리 뒤척이는

작고 어린 원기를 보며
하나님께서 이토록 잔인할 수 있을까 하는 마음뿐이었다.

하지만 사실 그 순간에도
나는 너무도 간절히 하나님을 찾고 바랐다.
적어도 내가 믿어왔고, 들어왔고, 또 가르쳐왔던 하나님은
인간의 가장 고통스러운 순간에 손을 내미는 분이다.

그런데
그 하나님이
대체 왜?

누구의 죄인가 II

원기 아빠로 살기 전, 내 신앙은 참 단순명료했다.
그저 시편 23편의 다윗의 고백처럼
날마다 푸른 초장과 쉴만한 물가로 인도함을 받는
그런 안전함과 평안함이 전부였다.
마치 신앙을 내 삶의 안전장치와도 같이 여겼다.
그렇다 보니 예수님의 십자가는 너무나 당연하고 또 당연해서
아무런 감동도 의미도 사라진 지 오래였다.
그저 반짝이는 장식품처럼 여겼다.

누구든지 나를 따르려거든 자기 십자가를 지고
나를 따를 것이니라 마가복음 8:45는
예수님의 말씀은 그저 성도들을 향한 설교나
성경 공부에 사용되는 단골 멘트일 뿐이었다.
그러니 당연한 것 아닌가.
원기의 병을 알게 됐을 때, 내가 느낀 황망함과 원망은
어찌 보면 당연한 결과였다.
왜 내게 안전하고 편안한 울타리가 아닌
원하지 않은 거친 들판과 가시덤불과 엉겅퀴를 주셨을까 하는 원망과
현실에 대한 슬픔과 분노, 두려움뿐이었다.

그렇게 처음 몇 년은
여전히 죄의식과 죄책감 속에서 괴로워만 했고,
예수님의 말씀이 읽히지도 들어오지도 않았다.
그런데 지나고 보니 그 시간 속에서도 하나님은 일하고 계셨다.
그냥 잠잠히 계시지 않았다.
나에게, 그리고 내 아들 원기에게 하신 일이 있었다.
내게는 하나님에 대해, 특히 아버지의 마음에 대해 알게 하심으로
깊은 깨달음을 주셨고,

원기에게는 생명의 소중함과 위로, 희망과 용기를 전하는
도구로 사용되는 귀한 일을 이루셨다.

여전히 누군가는 우리에게 닥친 시련과 고난, 가혹한 질병이
죄로 인한 징계, 즉 정죄함 때문이라고 말한다.
그러나 성경은 분명히 말씀하신다.
예수 그리스도를 믿는 자에게는 결코 정죄함이 없다고 말이다.

그러므로 이제 그리스도 예수 안에 있는 자들에게는
결코 정죄함이 없나니
이는 그리스도 예수 안에 있는 생명의 성령의 법이
죄와 사망의 법에서 너를 해방하였음이라 로마서 8:1-2

성경은 예수님을 믿는 우리, 즉 하나님의 자녀가 된 자들은
죄로 인한 징계를 받지 않는다고 말씀한다.
이것이 우리에게 주어진 십자가의 은총이자 특권이다.
하지만 여전히 많은 신앙인은
죄책감과 죄의식에 사로잡혀 고통을 받고 있다.
그것이 죄가 주는 진정한 위력이다.

그렇다면 우리에게 닥친 지독한 불행과 고난의 이유는 무엇일까?
이 역시 성경에 분명히 기록돼있다.

예수께서 대답하시되
이 사람이나 그 부모의 죄로 인한 것이 아니라
그에게서 하나님이 하시는 일을 나타내고자 하심이라 요한복음 9:3

벌써 10년이 넘는 시간이 흘렀다.
그리고 이 말씀은 내 삶에 선명한 증거로 이루어졌음을
감사로 고백한다.
마치 내가 전에는 주에 대하여 귀로 듣기만 하였사오나
이제는 눈으로 주를 보옵나이다 욥기 42:5 하는
욥의 고백처럼 말이다.

병든 내 아들을 통해 나는 하나님 아버지를 눈으로 보았다.
아들을 향한 절절한 마음으로 매일 밤 숨죽여 눈물 흘리던 나를
동일한, 아니 더 애절하고 간절한 마음으로 바라보셨을
내 아버지 하나님! 그 아버지의 뜨거운 눈물과 손길을
내가 직접 보고 만질 수 있었다.

그
렇
다.

지금 우리가 겪는 고난의 시간은
그 누구의 죄 때문이 아니다.

그저 이 시간을 통해 하나님이 하시는 일을 드러내고자 하심이다.

그러니 우리를 향한 그 아버지의 마음을 느끼면 된다.

오직 그것뿐이다.

그렇게 아빠가 된다

하나님은 아브라함에게 그가 인간으로서 견뎌내기 힘든
시험을 준비하셨다.
바로 100세에 얻은 귀하고 귀한 아들을 제물로 바치라는 명령이다.
아브라함은 평생 여러 시험을 감당하며 살아왔다.
하지만 이 마지막 시험은
그가 이전에 겪은 어떤 시련과는 비교도 할 수 없을 정도로
생을 통틀어 가장 혹독했다.
아들 이삭의 손을 잡고 3일을 걸어 지시하신 산에 오르기까지
아빠인 아브라함의 심정은 어땠을까.
생각해보면 그 3일은
아브라함에게 인간의 마음과 하나님의 마음이 치열하게 싸우는,
마치 지옥의 심연을 헤매는 것과 같은 고통이었을지 모른다.
아브라함 인생에서 불과 3일밖에 되진 않지만,
어쩌면 길고도 긴 30년처럼 느껴졌을 일이다.

3일을 걸어 아브라함은 하나님이 지시하신 한 산에 다다른다.
그리고 동행한 두 종을 기다리라 하며
이삭과 함께 예배를 드리고 돌아오겠노라(We will come back)고
말한 후 산에 오른다.

(생각해보니 "We will come back."이란 고백은
 이삭이 죽지 않고 살아 돌아올 것에 대한 믿음의 고백이 아니었나 싶다.)
아무것도 모른 채 짐을 지고 산을 오르는 아들 이삭을 보며
아브라함의 마음이 어땠을까.
하나님을 신뢰하면서도
한편으론 가슴이 미어지는 고통을 느꼈을 것이다.
차라리 이 산을 그냥 내려가 아들과 도망을 칠까 하는
고민을 했을 수도 있고,
제발 우리 아들을 살려달라고 애끓는 절규를 했을지도 모른다.
그러나 아브라함은 묵묵히 산을 올랐다.

나는 매일같이 집 근처 작은 산에 오른다.
그리고 산에 오르며 기도를 한다.
그 기도의 대부분은 아들 원기를 위한 기도이다.
연약하고 병든 아들의 아빠라는 삶은
여전히 버겁고, 견디기 힘든 괴로움이다.
그런 내면의 버거움을 떨쳐내기 위해 산을 오르기 시작했다.
아빠. 특별한 아이의 아빠로 살아가며,
나는 아빠라는 존재에 대해 깊이 묵상하게 됐다.

그리고 성경 속에서 두 아빠와 마주하게 되었다.
아브라함, 그리고 탕자의 아버지이다.
그 두 아빠를 통해 나와 원기,
하나님과 나의 관계를 새롭게 만나게 되었다.
산에 오르는 과정 자체가
비록 내 신앙의 계획에는 없는 것이었지만,
하나님은 산에 오르는 시간을 내게 허락하셨다.
아들의 병을 알게 되고,
그 아픈 아들을 위해 눈물의 등반을 해야 하는 시간을 주셨다.

물론 나는 아브라함처럼 처음부터 순종하는 마음으로
그 산을 오르진 못했다.
"왜"라는 답 없는 질문과 분노에 사로잡혀
산을 오르고 또 올랐다.
어느 날엔 발을 헛디뎌 낭떠러지로 구르는 듯한
공포와 절망에 사로잡힌 적도 있고,
아예 산에 오르기를 포기한 날들도 많았다.
그러나 어느 순간 깨달았다.
산에 오르는 것은 내가 아빠가 되기 위한 과정이라는 것을.

나를 향한 하나님 아빠의 마음을 알고,
십자가를 내 삶의 살아있는 증거로 인정하기 위해
허락된 시간이었음을 알았다.
나와 같은 비통한 마음으로 산을 올랐던
아브라함을 만나는 시간이었고,
집 나간 아들을 기다리며
애끓는 탕자의 아버지를 만나는 시간이었다.

나는 그렇게 아빠가 되었다.
무엇보다 이 일이 가능했던 이유는
내 아버지 하나님의 마음 덕분이다.
변함없이 나만을 향해있는 그 온전한 마음이
쓰러진 나를 다시 일으켜 산을 오르게 했다.
그리고 내 옆에는 항상 아들 원기가 함께했다는 사실이다.
아브라함에게 이삭이 있었기에 그 산을 오를 수 있었던 것처럼,
나 역시 사랑하는 아들 원기가 있었기에 그 산을 오를 수 있다.
비록 절대 쉽지 않다.
하지만 산을 오르는 나의 시간은 계속된다.

오늘도 나는

그렇게 아빠가 된다.

아빠의 마음,
스플랑크니조마이

내 아들 원기는 작고 연약하다.

이 작고 연약한 아들을 돌보며

헤아릴 수 없이 많은 감정과 마주하게 된다.

아무리 내가 애쓴다 한들 무엇이 달라지겠는가 하는

회의감에 무력해질 때도 있고,

그래도 바라보고 있자면 감당하기 힘든 애틋함과 아련함에

가슴이 먹먹해질 때가 한두 번이 아니다.

어디 그뿐인가.

어느 날엔 정말이지 참기 힘든,

버거운 분노가 몰려와 나를 집어삼키기도 한다.

이렇게 숱한 감정들과 씨름하며 얻어낸 느낌표가
바로 '마음'에 관한 것이다.

'마음.' 특별히 '아빠의 마음!'
내가 깨닫고 나누고 싶은 마음은 바로 아빠의 마음이다.
너무 흔한 말이지만, 그렇다고 이 단어보다 더 좋은 말은 없다.
적어도 지금 내게는 말이다.

성경을 보면 아빠의 마음에 관한 구체적인 이야기가 있다.
한 번쯤은 다 들어봤을 법한,
바로 그 유명한 탕자의 비유 속에 아빠의 마음이 기록돼있다.
집을 나간 둘째 아들이 모든 것을 잃어버리고
다시 아버지의 집으로 돌아올 때,
그 아들을 바라보는 아버지의 마음을 성경은 이렇게 기록한다.
"측은히 여겨"라고 말이다.
이 단어를 성경의 언어인 헬라어로 보면 '스플랑크니조마이'이다.
이 단어가 가진 뜻을 좀 더 구체적으로 말한다면
'창자가 끊어질 것 같은 깊은 연민과 아픔을 상대에게 느낀다.'이다.
한때는 이 단어를 머리로, 지식으로만 알았었다.

그래서 그 시간 동안은 그저 내가 아는 지식을 알려주거나
혹은 약간의 과시하는 용도로 이 단어를 말해왔다.
그 진정한 의미를 가슴으로 느낀 적은 없었다.

그러던 어느 날, '스플랑크니조마이'가 내 삶에 깊숙이 파고들었다.
누가복음 7장에 나인성 과부의 죽은 외아들이
관에 들려가는 모습을 보신 예수님께서
"스플랑크니조마이!"로 탄식하셨던 것처럼,
나도 원기를 보며 그 절절한 아픔과 고통을 느꼈다.
심장이 내려앉는 것만 같았다.
가슴이 미어져 더는 숨을 쉴 수가 없을 정도의
깊은 연민에 잠식되었다.
내 연약한 아들을 향한 그 애달픈 마음,
바로 아빠의 마음이었다.
그러나 그 마음이 내가 우리 아들에게만 느끼는 마음이라면
어찌 은혜가 있겠는가.
아들을 바라볼 때마다 매 순간 느끼는 그 애끓는 이 아빠의 마음이
바로 나와 내 아들을 향한 하나님 아빠의 마음임을 또한 느꼈다.
그것이 내게 큰 위로이자 힘이 된다.

지금, 이 순간에도 나와 원기를 바라보시며
"스플랑크니조마이!"로 탄식하시는 하나님 아빠가 계시기에
하루하루 기적 같은 삶을 이어간다.

마음과 마음은 연결되어 있다.
하나님은 인간에게 다른 생물들과 구별되는 많은 것을 주셨다.
그 가운데서도 가장 중요한 것이 있다면,
단연코 마음이라고 말하고 싶다.
그리고 그 마음이 특별한 이유는
그 안에 하나님의 마음이 심어져 있기 때문이다.

모든 설계자는 자신이 만든 피조물에
설계자 자신의 정신을 심기 마련이다.
인간을 만드신 하나님은
인간의 마음에 하나님의 창조원리를 심으셨다.
그 한 조각을 발견하고, 그 마음이 움직이는 대로 살아가는 것이
우리의 삶이다.
부모가 되어 자녀에게 스플랑크니조마이를 느끼는 것이야말로
하나님이 우리에게 자녀를 보내신 이유이다.

그리고 그 마음으로
나를 향한 하나님 아버지의 마음을 알아가는 과정이
신앙의 여정이다.

스플랑크
니조마이
내하나님
아빠마음

아빠의 소원

그저 하루만 더 살아다오.
네게 어떤 기대도 하지 않는다.
네가 살아있다는 것,
그것이 내겐 가장 큰 만족이다.

하나님의 개입

사람들이 말한다. 하나님이 주신 고난이나 연단에는 다 뜻이 있다고.
틀린 말은 아니다.
분명 우리에게 주어진 고난에는 하나님의 뜻이 있다.
그러나 그 뜻이라는 게 과연 우리가 생각하는
더 크고, 더 좋은, 더 나은, 그런 것일까?
나도 원기를 통해서 하나님과 더 많이 가까워지고,
하나님의 마음을 조금 더 생각해볼 수 있었다.
책의 글귀나 누군가의 말이 아닌 진짜 나의 하나님을 찾게 됐다.
그런 측면에서 내게 주어진 고난은 매우 큰 유익이다.

하지만 세상 어떤 부모가 다섯 살부터 열여섯 살이 되도록
매일 내 아들이 언제 죽을지 모르는 불안감으로 살고 싶겠는가.
매일 밤에 자다가도 일어나서 혹시 아이가 죽은 건 아닌지
슬며시 흔들어보는 그런 불안감을
어떤 부모가 갖고 싶겠는가 말이다.

그렇다.
내가 하나님께 위로받은 거 말고,
삶에서 해결된 건 아무것도 없다.
아니 어쩔 땐 더 고통스럽다.
그러나 그 고통스러움에서 끝난다면,
내 믿음이, 하나님이 무슨 의미가 있겠는가.
그래서는 안 된다.
그 고통스러움을 통해 하나님과 연결점이 닿아야 한다.
약할 때 강함이 되시는 하나님을 삶으로 만나야 한다는 말이다.
지독하지만 귀한 고난을 통해
내가 발견한 하나님의 뜻은 이것이다.
비록 내 상황이 전혀 바뀌지 않아도,
아니 오히려 더 어렵고 힘든 상황이 될지라도 괜찮다.

하나님과 더욱 가까워질 수만 있다면,
모든 상황을 감사함으로 받아들일 줄 안다면
이미 그것으로 하나님의 뜻은 이뤄진 것이다.

하나님은 이렇게 우리의 삶에 개입하신다.
누군가에게는 고난으로, 누군가에게는 감사로.
정해져 있지 않은 다양하고 각기 다른 모습으로 개입하신다.
참으로 오묘하다.
A라는 사람에게 하신 방식을 B에게는 동일하게 적용하지 않으신다.
각기 다르고 차별화된다. 그러니 예상도 기대도 전혀 할 수 없다.
예측 불가능한 변칙성을 가진 바둑판과도 같다.

원기의 소울 메이트인
미겔(콜롬비아에 사는 원기의 동갑 친구로 소아 조로증을 앓고 있다)이
한국에 왔을 때 일이다.
미국에서 처음 미겔을 만나는 순간부터 품은
간절한 기도 제목이 있었으니
미겔을 한국으로 초청해 치료받을 기회를 주는 것이었다.
간절한 기도가 하나님께 닿았던 걸까.

꿈이라고만 여겼던 일, 너무도 바라지만 정말 가능할까
스스로 의심하던 그 일이 현실로 일어났다.
드디어 미겔이 한국에 온 것이다.

그런데 웬일인가!
이런저런 상황이 맞지 않아서 미겔의 치료를 할 수가 없게 됐다.
순간 너무 당황스러웠다.
너무도 어렵게 왔는데 아무것도 못하고 돌아갈 수도 있는 상황,
미겔과 미겔 엄마에게 미안한 마음과 안쓰러움이 들어
심경이 복잡해졌다.
그런데 한편으로 이런 생각이 들었다.

'아니, 하나님이 미겔을 여기까지 보내셨는데
설마 그냥 돌려보내시겠어?'

이 일은 어떻게 됐을까?
미겔의 치료가 어렵다는 소식을 들은 다음 날,
갑자기 듣도 보도 못한 병원에서
원기를 치료해주겠다고 연락이 온 것이다.

그때 이미 원기는 다른 병원에서 치료 중이었다.
그래서 상황을 말한 후 원기 대신 미겔을 치료해달라고 부탁했다.
미겔은 그렇게 내가 계획했던 것과는 선혀 다른 방법으로
마치 내가 미리 판을 다 짜놓은 것처럼,
순식간에 치료의 길이 열렸다.

사람들은 이런 일을 보며 '기적'이라고 말한다.
인간의 영역으로는 절대 할 수 없는 일이니….
그렇다. 우리는 기적을 만들지는 못한다.
그러나 기적을 일으키는 도구는 될 수 있다.
누군가를 마음 다해 돕다 보면,
도움을 받은 그 사람은 분명 기적을 경험하게 된다.
그런데 도움을 주는 사람도 기적을 경험하게 된다.
더불어 도움을 연결하는 사람까지도 경험하게 된다.
마치 삼위일체처럼 말이다.
도움이 필요한 사람, 도움을 줄 사람, 연결하는 사람 모두
기적을 경험하게 되는 것이다.
우리가 기적을 경험하도록 하나님께서 친히 개입하시기 때문이다.

하나님은 오늘 이 순간도 우리 삶 가운데 개입하신다.
가장 필요한 순간에, 가장 적절한 방법으로
선하고 아름답게 일을 이뤄 가신다.
내 것을 먼저 구하지 않고, 다른 이를 진심으로 돕다 보면
기적을 경험하게 된다.
그리고 내가 누군가를 진심으로 돕다 보면,
나를 진심으로 돕는 그 누군가도 분명 만나게 하실 것이다.
하나님의 개입은 오늘도 그렇게 찐 사랑으로 이뤄지고 있다.

회복은 액괴다

흔히 회복이라는 단어를 들으면 떠올리는 이미지나 개념이 있다.
원 상태로 돌아가는 것, 원래보다 더 강해지는 것,
대부분은 회복을 그런 의미로 여긴다.
하지만 나에게 회복은 그런 의미가 아니다.
오히려 앞선 의미들은 굉장히 비성경적이라고 생각한다.
한때 아이들에게 선풍적인 인기를 끌었던 '액체 괴물'
일명 '액괴'라는 장난감이 있다.
점액질 형태의 장난감으로 말랑하고 탱탱한 감촉을 가지고 있다.
덕분에 이를 만지고 놀면 심리적 안정을 찾을 수 있다고 해서
꽤 인기를 끌었다.

우리 딸도 이 액괴에 심취했던 때가 있다.

형체도 없이 흐물거리는 것이 딸아이가 만지는 대로 움직이는 것을 보고 있자니, 나도 한번 만져보고 싶은 충동이 일었다.

"수혜야, 아빠도 한번 해보자!"

"그래, 좋아!"

딸이 액괴를 건네면서 아무런 설명도 하지 않는 데는 이유가 있다.

액괴를 갖고 노는 데는 특별한 기술과 방법이 필요 없기 때문이다.

액괴는 만지는 이의 손길에 따라 자유자재로 변한다.

누가 만지든 누가 자신을 만들어가든

액괴는 처음보다 더 형체 없이, 한없이 느물느물해진다.

누구든 더 편하게 자신을 빚을 수 있도록 말이다.

그렇다. 내게 회복이란 액괴가 되는 것이다.

'회복이 액괴가 되는 거라고?'

누군가는 생뚱맞다 할 수 있다.

하지만 내게 이보다 더 적절한 표현은 없다.

조물주이신 나의 하나님께서

나를 가장 잘 빚을 수 있는 상태로 돌아가는 것,

그러니 나는 완벽한 액괴가 돼야만 한다.

나도 한때는 회복을 너무 거창하게만 생각했다.
내 안에 있는 모든 악한 것이 빠져나가고,
한 점의 흠도 없이 완벽해지는 것을 회복이라 여겼다.
그래서 내가 규정지은 그 완전무결한(?) 회복을 위해 몸부림치며
부단히 애쓰던 날도 있다.
그러나 어찌 그것이 가능한 일이겠는가.
그것은 나의 노력이나 힘으로는 이룰 수 없는 영역 밖의 일이다.
아니 나는 애초에 흠 없는 사람이 될 수 없는 존재이다.
그렇게 원기를 통해, 내가 생각했던 그 거창한 회복이 아닌
하나님의 관점에서 회복을 다시 생각하게 됐다.
내 힘이 빠져 형체도 없이 흐물흐물해지니
하나님의 손길이 닿는 대로, 그분의 뜻대로, 나는 회복되어갔다.
얼마나 놀랍고 신박한 일인가!

이 놀라운 과정은 본인의 의지가 모두 사라진 채
조물주의 뜻대로 움직이는
마치 목각줄인형처럼 살라는 말이 아니다.
내 의지와 힘을 빼는 순간,
우리는 더 상향조정된 차원의 나를 만날 수 있다.

이것이 하나님께 속한 회복의 섭리이자 비밀이다.
왜?
우리를 어떤 모양으로 무엇으로 만들어 가실지는
하나님만이 가장 잘 아시니 그렇다.
그러니 하나님의 반죽으로 더 잘 빚어질 수 있도록
나를 온전히 맡기면 된다.
나에게 주어질 결과물이 어떤 것일지는 훗날 알게 되겠지만,
분명한 것은 무엇을 상상하든 기대 이상이라는 것이다.

나도 잔뜩 힘이 들어간 자아를 버리니 진정한 회복이 이뤄졌다.
하나님은 먼저 원기를 통해
내가 얼마나 부족하고 못난 사람인지 알게 하셨다.
나는 남들 앞에서 강하고 단호하게 나를 드러내곤 했다.
그것이 가장 나다운 것, 강한 것이라고 여겼기 때문이다.
그러나 원기를 통해 회복의 시간을 지나며
새롭게 알게 된 것이 있다.
뾰족하게 나를 드러내는 것이 아닌
스며들어 조화를 이루는 것이 가장 귀하고 아름다운 것임을,
가장 강한 것임을 알게 하셨다.

또 하나님은 원기와 함께하는 시간이
결국은 어디로 어떻게 갈 것인가를 계속 궁금하게 하셨다.
그런데 놀랍게도 그 시간이 나에겐 너무도 큰 회복이었다.

상처나 고통은 분명 흉터나 흔적을 남긴다.
때론 그 흉터가 너무 크고 깊어 눈살이 찌푸려지기도 한다.
그런 탓에 세상 사람들은 상처의 흔적을 지우기 위해 부단히 애를 쓴다.
혹여 남들에게 손가락질을 당할까,
아름다움에 방해가 되진 않을까 하는 마음에서이다.
하지만 그리스도인에게 흉터와 흔적은 영광이다.
예수님도 손에 못 자국이 흔적으로 남지 않았던가!
그러니 그 흉터를 없애기 위해 애쓸 필요는 없다.
오히려 상처의 흔적 가운데서
하나님의 관점으로 아름다움을 찾고 변해가야 한다.

한때는 원기를 볼 때마다 이런 생각을 했다.
'우리 원기, 천국에서는 머리숱이 풍성해지겠지?'
그러나 원기와 함께하며 나는 하나님 안에서 회복됐고,
더는 원기의 머리숱에 집착하지 않게 됐다.

천국에 가면 원기의 머리카락이 풍성해질 거라는 생각 자체가
진정한 회복을 알지 못했기에 나온 것임을 깨달은 것이다.
회복은 원기가 있는 그대로이다. 원기 그 자체가 바로 회복이다.
원기의 병이 낫고,
인간이 보기에 더 나은 모습으로 변할 거라는 생각은
절대 회복이 아니다.
원기는 천국에서도 지금 그대로의 모습일 것이다.
그것이 회복이다.
비록 원기의 모습은 변하지 않았지만,
원기 그 자체를 바라보며 사람들이 회복을 느낄 때
우리의 영적인 시선이 달라질 때 일어나는 변화가 바로 회복이다.

회복이 준 선물이 또 하나 있다.
아픈 아이들, 조금은 평범하지 않은,
세상의 심한 표현으로 비정상이라고 불리는 아이들에게
거부감이 없어졌다.
'아, 저 아이 참 안됐구나.' 하는 마음이 절대 아니다.
그저 그 아이의 있는 그대로의 모습을
전혀 거리낌 없이 받아들이게 됐다.

원기에 대한 하나님의 마음을 회복하고 나니
원기와 같이 연약하고 부족한 아이들에게 대한 선입견이
제로가 됐다.
더 나아가 어른이나 아이 할 것 없이 모든 사람을 대할 때나
여러 상황 가운데 가질 수 있는 고정관념이 사라졌다.

사실 우리는 연약한 사람을 대하거나 힘든 상황에 직면할 때
대부분 너무 과하게 마음을 쏟거나 지나치게 냉정해지곤 한다.
우리 원기를 대하는 사람들의 태도도 대부분 둘 중 하나이다.
하지만 전혀 그럴 필요 없다.
도움이 필요한 상황에 처한 사람들에게 정말 필요한 건
내가 할 수 있는 딱 그만큼이다.
내가 할 수 없는 것을 못 했다고 자책할 필요도 없고,
할 수 있는 것을 선입견 때문에 하지 말아야겠다고
자제할 이유도 없다는 말이다.
지나친 동정심과 막연한 거부감으로
서로의 관계를 무너뜨릴 이유는 없다.
내 아들 원기를 통해 하나님께 배운 회복의 진리는 이것이다.

내가 가장 절실했을 때
하나님께 무엇을 기도했는지
무엇을 간절히 원했는지.

기억하면 달라질 우리의 일상.
하나님, 그저 감사합니다.

그냥
들어만 줄래

위로는 참 어렵다.

"글쎄 뭐가?"라고 반문하는 이도 있겠지만,

가까운 지인이 어려운 일을 당한 적이 있다면

위로가 어렵다는 것이 무슨 말인지 알리라.

원기가 아프다는 얘기에 적잖이 들었던 위로는 이것이다.

"하나님께서 너와 너희 가족을 훈련시켜서

큰 종으로 만들 계획이 있으신 거야."

미안하지만, 최악의 위로다.

물론 틀린 말은 아니다. 분명 하나님의 뜻은 있다.

하지만 그 뜻은 당사자가 직접 찾아가고 발견하는 것이다.
굳이 나서서 마치 정답을 주고 해결하려는 식의 접근은
위로가 안 된다는 말이다.
오히려 그런 말이 성령의 위로를 방해한다면
덜컥 겁이 좀 나려나….
그 말을 전하는 이의 속뜻을 모르는 바도 아니고,
틀린 말이 아니란 것도 알았지만
그 당시 나에겐 최악의 위로였다.

누군가에게 이런 말을 했더니
그럼 가장 좋았던 위로가 뭐냐고 물었다.
음. 뭐였을까….
이제 와 헤아려보니 참 많은 이가 마음으로 날 위로했다.
우리 구역 할머니가 내 손에 꼭 쥐여주던
꼬깃꼬깃해진 만 원짜리 몇 장,
원기가 아팠을 때 달려와 준 친구와
24시간 해장국 집에서 같이 먹은 국밥 한 그릇,
전국에서 사역 중이던 신대원 동기들이 올라와서
같이 있어 줬던 그 시간,

절규에 가까운 내 눈물에 그저 힘내라는 한마디,
원래 인생 다 그런 거니까 잘 견디라는 말.
그랬다. 적어도 내게는 그것들이 가장 큰 위로였다.
하나님의 뜻이 있으니 잘 참고 훈련을 받으라는 조언보다
그저 들어 주고 같이 있어 주는 게 힘이 됐다.
아무런 말을 하지 않아도 그저 함께 있어만 주는 것,
그것이 내가 받은 가장 큰 위로였다.

진짜 위로는 그냥 들어만 주는 것이다.
내가 겪어보니 그렇다. 그냥 들어야 한다.
들으려고 하는데 그 사람이 말하지 않는다면,
말하라고 독촉할 것도 없다.
기다려주고, 그저 말없이 안아주면 된다.
하나님은 인간에게 말, 언어를 선물로 주셨다.
다른 생명체에겐 없는 인간만의 고유한 특성이니
귀한 선물임에는 틀림이 없다.
그러나 때와 상황에 맞지 않는 말은 오히려 독이 된다.
그래서 성경은 듣기는 속히 하고, 말하기는 더디 하라고
가르치신 게 아닐까.

나도 원기 일로 참 많이 아팠지만
주변을 돌아보면 나만큼이나 아픔을 겪은 분들이 많다.
아파본 사람이 아픈 사람의 마음을 안다고
그래서 그냥 그분들의 곁에 가장 편안하게 있어만 줬다.
시간이 되면 같이 밥 먹어주고,
그분이 알아서 자신의 얘기를 꺼낼 때까지 기다렸다.
아마 다들 인정할 것이다.
아무리 그럴싸한 조언을 들어도
결국 하고 안하고는 당사자의 맘이라는 것을.

아픔과 고민을 털어놓는 가장 큰 목적은 그냥 들어달라는 것이다.
꼭 뭔가를 해결해달라고,
나를 괴롭히는 이 지긋지긋한 문제의 답을 달라는
요구가 아니라는 말이다.
그럼에도 우리는 누군가 고민과 아픔을 털어놓으면
어떤 식으로든 해결을 해줘야 한다는 강박감이 있다.
믿는 사람들은 더더욱 그렇다.
하지만 때론 그 해결해 주고픈 욕구가
공격적으로 느껴질 때가 있다.

분명 선한 의도인데
받아들이는 사람과 교감이 이뤄지지 않으니 그렇다.

그러니 누군가를 진심으로 위로하고 싶다면, 그냥 들어만 주자.
조용히 낮은 어깨만 빌려주고,
침묵에 사랑을 담은 마음만 내어주자.
그게 진짜 위로이다. 받아보니 그게 제일이다.

고통과 맞짱 뜨기

고통이란 말은 듣기만 해도 참 어렵다. 그저 고통스럽다.

고통은 인간의 생사에 늘 빠지지 않고 등장하며

사람을 성장시키기도, 파멸시키기도 했다.

그래서 오래전부터 수많은 철학자가 고통에 대한 탐구를 했으리라.

피하고 싶지만, 결코 피할 수 없는 실체인 고통.

고통을 통해 인간은 본연의 악함을 드러내기도 하고

때론 타인의 불운을 함께 느끼며

고통이 삶 자체임을 인정하기도 한다.

오랜 시간 고통을 마주하며 사람들은 그것을 이기며
자신을 위로할 나름의 방법들을 찾고 있다.

원기가 소아 조로증에 걸렸다는 걸 알고
4년간을 절망과 분노, 아픔과 고통 속에서 헤맸다.
당시 춘천에서 목회자로 섬기고 있었는데
목회자의 아들이 그런 병에 걸렸다는 사실을
성도들에게 알리기가 너무 힘들었다.
물론 나 혼자 지레짐작하고 절망했던 순간이니
돌아보면 피식 웃음도 나지만,
하여튼 그 당시에는 꽤 심각한 고민이었다.

몇 날 며칠을 끙끙대다가
우선 내가 맡은 구역의 할머니들께 알려야겠다는 생각이 들었다.
구역예배를 드리기로 한 날을 디데이로 잡았다.
예배를 드리고 헤어지기 전에 말씀드리기로
나름의 정확한 타임 스케줄까지 잡았다.
드디어 그날이 되고, 모임 장소에 가니
대여섯 명 정도 할머니들이 모여 계셨다.

'혹시 목회자의 아들이 왜 그런 병에 걸렸냐고
실망하시는 건 아니겠지?'
예배를 드리면서도 간간이 걱정이 몰려왔지만
마음을 누르고 예배를 마쳤다.

드디어 때가 왔다.
심호흡을 크게 한번 하고, 최대한 자연스럽게 얘기를 꺼냈다.
"저기, 드릴 말씀이 있어요. 원기가 좀 아픈데…."
누가 봐도 나는 잔뜩 긴장했고, 이런 내 모습이 어색했는지
할머니들의 눈이 죄다 내 입술을 향했다.
조심스레 한마디 한마디를 뱉을 때마다
괜히 할머니들의 반응이 신경 쓰였다.
등골에 식은땀이 흐르는 듯했다.
그렇게, 몇 날 며칠을 괴롭히던 고민을 다 털어냈다.
원기 얘기를 듣고 무슨 생각을 하셨을까 하는 걱정을 하기도 전에
할머니들의 낮은 탄성이 흘러나왔다.
"아이고……."
누가 들어도 정말 내 아들 원기를 향한 안쓰러움과 안타까움이
가득 담긴 한숨이었다.

그 짧지만 진하고 깊은 탄성 외에
할머니들은 별다른 말씀을 하지 않으셨다.
그저 눈빛으로, 날 꼭 잡아주는 따듯한 손길로 위로하셨다.
인사를 하고 집을 나서는 나를 할머니들이 불러 세우셨다.
"목사님, 이거 얼마 안 되지만 원기 맛있는 거 사 먹여요."
돈이 든 편지 봉투를 내 손에 꼭 쥐여주시는데,
울컥 눈물이 핑 돌았다.
그 돈이 무슨 돈인지 누구보다 잘 알고 있었다.
자식들에게 받았던 용돈을 아끼고 아껴 모은 돈이 아닌가.
한 손은 내 손을 꼭 잡으시고,
다른 한 손으로 내 등을 토닥이시던 할머니들.
가슴 속 저 밑바닥에서부터 뜨거운 눈물이 솟구쳐 올랐다.

사실 나는 당시 여전히 하나님께 억울한 심정이었다.
어떻게 우리 원기에게, 나에게 이런 고통을 주실 수 있는지
하루에도 몇 번씩 하늘을 향해 삿대질하며 저주를 퍼부었다.
마치 세상의 모든 고통을 다 떠안은 사람처럼 말이다.
너무 괴롭고 힘들어서 당장 모든 것을 포기해버리고 싶은
절망에 사로잡혀 있었다.

그런데 사실 반전이 있다.
내 등을 토닥이던 그 할머니들, 그중 어떤 분의 삶도 쉽지 않았다.
좀 더 직관적으로 표현하자면, 그분들 모두 힘든 삶을 살고 계셨다.
새벽예배에 참석하기 위해 교회 차를 탔다가 사고가 나서
한쪽 눈을 실명하신 할머니,
파킨슨병에 걸린 남편의 오랜 간호를 하고 계신 할머니,
남편이 너무 일찍 돌아가셔서
홀로 자녀들을 힘겹게 키우며 살아오신 할머니….
말 그대로 사연 없는 인생이 없었다.

물론 사람은 이기적이기에 자신의 작은 고통이
객관적으로 남의 큰 고통보다 더 아프고 쓰리기 마련이다.
하지만 누가 봐도 인생의 험난한 고통과 직면해
그 시간을 이겨내 오신 분들이다.
그런 분들이 이제 막 고통의 터널을 지나려는 나에게
담담히 건네는 위로라니.

그 깊이와 파장은
말로 설명할 수 없다.

그분들을 통해 고통과 고난에 대해 깊이 생각하게 되었다.
이렇게 삶의 고난과 직면하신 분들도 그저 묵묵히 삶을 살아내고 있다.
그 누구에게 그 흔한 원망조차 하지 않고
하루하루를 성실히 살아가고 있다.

그런데 나는 어떤가.
고난이나 고통을 직시할 마음조차 없었다.
그런 내가 목회자랍시고, 성도들에게 무엇을 말할 수 있는가.
얼굴이 화끈거리고, 심장이 터질 듯 거칠게 뛰었다.
나는 어느 순간부터 고통이나 고난에 대해 깊이 생각하질 않았다.
아니 그럴 생각조차 없었다.
신학교 시절에는 고난과 고통에 대해 배우고 얘기하는 것이
참 멋져 보였다.
뭔가 깊이 있는 척하면서 유명한 신학자들의 책을 읽고,
그들이 말하는 고통을 피상적으로 읊어댔다.
칼 바르트 어쩌고저쩌고, 볼트만 어쩌고저쩌고. 그런데 웬걸.
정작 내가 고난을 마주하니 그렇게 떠들어대던 이론과 학설은
아무런 힘도 없었다. 글로만 주절대는 허무한 소리였다.

나에게 신앙은 무엇이었던가.
신앙인으로 살아간다는 게 불확실하고 불안정한 삶을
마치 보험처럼 최대한 예측 가능하고 안정적이며
편안하게 살아가기 위한, 아니면 신앙이 그것을 가져다줄 것이라는
막연한 착각 속에 살았다.
그러나 극한의 고통에 부닥치니
근원적인 질문에 답을 내려야만 했다.
더는 피할 수도 거부할 수도 없는 원초적 질문,
나에게 신앙은 무엇인가!

사실 신앙인이라고 해서 딱히
고난이나 아픔과 고통이 없는 것도, 덜한 것도 아니다.
그러나 초등학교도 안 나온 할머니들이 수많은 고통과 직면하면서도
그냥 조용하게 묵묵하게 살아내는 모습을 보면서
위대한 신앙의 힘을 깨달았다.
그분들의 말 한마디가 명언이고, 위대한 철학이며,
그분들이 진정한 신앙인임을, 눈으로 맘으로 확인했다.
더불어 그분들이 계신 교회가 힘이 될 수 있음을 알았다.

고통을 막아내고 이겨내는 이들이 신앙인이 아니다.
때론 삶 가운데 절망과 암흑의 회오리가 쉼 없이 몰아쳐도
그 삶을 마주할 수 있고, 살아낼 힘을 가진 사람,
그들이 진짜 신앙인이다.
그런 그들이 모여서 함께 또 그렇게 살아가는 곳,
그곳이 바로 진짜 교회이다.

들어서 알게 되는 것이 있다.
배워서 알게 되는 것도 있다.
그리고 직접 겪어봐야만 알게 되는 것이 있다.

고통은 그렇다.
듣고, 배워서는 한 치도 알 수 없다.
삶으로 오롯이 겪어야 만이
고통의 무게를 알 수 있다.

'왜?'가 아닌 '어떻게'

"고통을 피하지 말고 직면하세요."
한 번쯤은 들어봤음직한 말이다.
이미 많은 학자가 고통을 극복하는 방법으로
이 명제를 수없이 던져왔다.
그렇다면 고통을 직면하는 것이 아닌 피하는 것은 무엇일까?
사람들은 흔히 고난을 회피하는 사람들은
삶에 불성실한 사람들이라고 오해하는 경우가 있다.
고난을 직면한다는 것이
고통에 맞서 하루하루를 성실히 열심히 살아가는 것이라고 여기니
이런 생각을 하기 십상이다. 하지만 그렇지 않다.

고난을 회피하는 사람들은 생각보다 불성실한 사람들이 아니다.
오히려 더 열심히 사는 사람들도 있다.

예를 들어 우리 집에 아픈 아이가 있다 치자.
이 아이의 치료비용을 위해서
미친 듯이 일하는 사람이 있기 마련이다.
겉으로 보기엔 그가 고통과 직면해
삶을 열심히 사는 거라고 보기 쉽다.
그러나 내면을 들여다보면 그렇지 않은 경우가 태반太半이다.
그 일을 하면서 정작 자신은 고통을 회피하기도 한다.
매우 고통스러운 척하지만,
오히려 맘 한편은 고통과 멀어지니 편안할 수 있다.
그러니 상대적으로 아픈 아이를 돌보는 나머지 가족들은
더 깊은 고난에 빠지게 된다.
결국 포인트를 빗나간 그 열심이 고난을 회피하는 것이다.
실제로 고난의 깊은 영역에 들어가 본 사람들은 안다.
치열하게 사는 것이 고난을 피하는 한 방법이라는 것을.
오히려 미친 듯이 일에 몰두하면,
그 순간엔 잠시라도 고난을 잊을 수 있다.

사실 아픈 아이를 둔 가족이 고난과 직면하는 방법은 이것이다.

"아픈 아이를 어떻게 돌볼 것인가?"

같은 목표 아래 가족 모두가 어떤 식으로 서로 아픔을 공유해서
최대한 가볍게 갈 수 있는지를 의논하고 실천하는 것이다.
머리로는 이해할 수 있지만, 절대 쉽지는 않다.
그래서 아픈 아이를 보며 누군가는 다른 것에,
가장 쉽고 합리적인 핑곗거리인 일에 열심을 쏟아
그 사실과 멀어지고자 한다.
그러면서 결국 가족들끼리 갈등의 골은 깊어지고
서로 탓을 하기에 이른다.

반대로 아픈 아이에게 너무 심한 몰입을 하는 것 역시
고통을 회피하는 것이다.
특히 엄마들이 그러기 쉽다.
지나친 몰입으로 이성을 잃고,
삶의 방향과 다른 가치까지 상실해버린다.
이 역시 옳은 직면은 아니다.

상처는 그만큼의 아픔을 느껴야 낫고,
고통은 충분히 그 고통을 겪고 견뎌야만 벗어날 수 있다.
고통은 들어서도 배워서도 절대 알 수 없다.
오롯이 삶으로 살아내고 견뎌내야 알 수 있다.
그것이 가장 현명한 고통과의 직면이다.

고통의 세계 안에 들어가면 정말 얽히고설킨 복잡한 사연과
이성과 논리로는 설명되지 않는 상황들이 전개된다.
그간 내가 막연히 생각했던 고통의 실체를 직면하는 순간,
말 그대로 혼돈의 카오스를 경험하게 된다.
그렇다 보니 그 상황에선 단순히 이 질문만을 반복하게 된다.

"왜? 대체 왜?"

왜 나에게 이런 일이 일어났는지 원인을 찾고 싶어 한다.
어쩌면 이 또한 고통을 회피하는 방편일지도 모른다.
이 미스터리한 상황에서 원인을 찾고 찾는다.
그러다가 결국 그 깊은 의문의 구덩이에 자신을 가둬버린다.
그러면 차라리 고통에서 멀어진다고 착각하면서.

그러나 고통의 무게는 그리 녹록지 않다.
그렇게 해서 해결될 일이 아니다.
어쩜 "왜?"라는 질문을 던지면서도
이미 우리는 답을 찾을 수 없다는 것을 알고 있을지도 모른다.
그저 그렇게라도 몸부림치고 싶었는지도 모른다.

나 역시 마찬가지였다.
원기의 병을 알고 처음 입에서 터져 나온 말이 "왜? 왜!!"였다.
원기에게 왜 이런 일이 일어난 건지를
아무리 따져도 이해할 수 없었고,
이해하고 싶지도 않았다.
(사실 '왜'에 대한 답을 찾아야 한다면, 지금도 답은 모른다.)
그래서 뱉을 수 있는 말이 "왜!" 뿐이었을까.
그래도 거기서 멈추면 다행이다.
그런데 "왜?"라는 질문의 앞뒤로 부정적인 나의 판단과
흔들리는 믿음이 꼬리처럼 이어지기 시작했다.
끝내 걷잡을 수 없는 분노와 좌절로 이어졌고,
사방이 막혀버린 절망의 절벽에 이르러서야
정신을 차릴 수 있었다.

그곳에서 빠져나오는 방법은 고통을 그분의 방법으로,
신앙인답게 직면하는 것이었다.

그래서 내린 답이 "어떻게?"이다.
내게 닥친 고난에 '왜'가 아닌 '어떻게'를 던지며,
성실하게 삶을 짊어지기로 했다.
날 위로하셨던 할머니 권사님들처럼
굳이 인생에 이런저런 물음표를 붙이지 않고,
그저 최선을 다해 주어진 상황을 살아가자 했다.
이 고난을 어떻게 헤쳐나갈 것인지에
더 많은 에너지를 집중하는 것이 중요하다고 판단했기 때문이다.
어차피 우리 가족에게 닥친 고난은
과학적으로나 법적으로 원인을 규명해야 하는 영역은
아니었으니 말이다.
믿음과 신앙의 영역에서 나는 전혀 다른 접근을 하고 있었다.
물론 지금도 가끔은 이 순간이 오지 않았더라면 얼마나 좋았을까
하는 마음이 있다.
다만 나는 이제 예고된 고통의 시간을 알기에
계속해서 '어떻게'에 관한 준비를 하는 것뿐이다.

말은 쉽지만 과정은 너무도 어려운 '어떻게' 앞에
그저 최선을 다할 뿐이다.
그 과정에서 슬픔의 감정에만 휩싸일 것인시,
아니면 전혀 다른 선택을 할 것인지는
여전히 내게 남겨진 숙제이다.

고통은 늘 우리 삶과 공존한다.
각기 짊어질 무게와 농도는 다르지만,
고통은 누구에게나 찾아온다.
그 순간 어떤 결정이 나를 고통 속에서 살릴 수 있을까?
'왜'라는 허무한 질문과 계속 싸우는 게 옳을까?
물론 사방이 막힌 상황에 놓인 사람들에게
'왜'는 도저히 벗어날 수 없는 굴레임을 안다.
하지만 아무리 답을 찾으려 발버둥 쳐도
더 깊은 수렁 속으로 빠져들 뿐이다.

이제 '왜'라는 풀리지 않는 질문은 버리고,
'어떻게'라는 구체적이고 성실한 방법을 찾아야 한다.

삶에서 이것을 어떻게 살아낼 것인가!
이 고통에 어떤 성실한 모습을 보일 것인가!
고통과 마주할 때 힘주어 이것에 집중하길.
나 역시 이 고백을 통해 다시금 나의 결심을 각인한다.
삶이 흔들려도 이 결단은 흔들리지 말기로.

"
삶을
어떻게
살아낼 것인가?
"

키리에 엘레이손!
Kyrie Eleison

"주여, 나를 불쌍히 여겨주소서!"

이보다 위대한 기도는 없다.
내가 할 수 있는 것이 없다는 것,
내 의지로 이룰 수 있는 일이 없음을 깨달은 자만이 할 수 있는
기도이기 때문이다.

그렇다. 우리가 할 수 있는 일은 없다.
우리는 그렇게 나약한 존재이다.
하지만 그럼에도 내 의지로 이뤄낼 일이 있다면,
그것은 삶을 마주하고 하루하루 성실히 살아내는 것이다.
그런 후에 하나님께 맡기고 의지해야 한다.
그저 난 할 수 있는 게 없으니 하나님 뜻대로 하시라며
삶을 던지는 것과는 전혀 다른 의미이다.

내게 주어진 모든 사람과 상황을
-때론 그것이 너무 고통스러울지라도-
온전히 마주하고 성실히 살아가며 하나님께 함께해달라고
나를 불쌍히 여겨달라고 기도하는 것,
이것이 우리가 할 수 있는 최선이다.

처음 원기의 병을 알았을 때부터 상황을 회피하진 않았다.
직면했다.
하지만 어떻게 살아내야 할지 두려웠고,
그렇게 살아가긴 싫었다.
그래서 내가 들어왔고 배워온 방식으로 회복해달라고
하나님께 기도했다.
원기를 낫게 해주시든지,
아니면 나를 큰 주의 종으로 세워주시든지.
돌아보니 기도의 탈을 쓴 협박이다.

지금 나는 날마다 허리를 숙여 원기 양말을 신겨줘야 하고
밤마다 원기의 팔다리를 주물러 줘야 하며
외출할 때마다 원기를 업고 다녀야 한다.

매 순간, 1분 1초도 쉬지 않고 원기는 내가 필요하다.
그 필요의 정도와 요구는 갈수록 더해진다.
현실적으로 냉정하게 판단하면
이런 상황은 내겐 매우 고통스럽다.
그리고 오늘보다 내일 더 고통스러울 것도 알고 있다.
사실 이럴 때는 어떤 기도도 잘 나오지 않는다.
그저 깊은 탄식과 함께 터져 나오는 것은 이말 뿐이다.

"아…, 하나님….
 도와주십시오."

"주여, 나를 불쌍히 여겨주소서!"라는
이 기도를 일부러 드려야 한다는 말이 아니다.
고된 삶을 살아가다 보면 나올 수 있는 기도가 이것이라는 말이다.
지극히 본능적이지만, 가장 솔직한 기도가 이것이다.
이 힘들고 절박한 상황 속에서 나를 이끌어달라고,
도와달라고 부르짖는 간절함이다.
예수님을 향해 열 명의 나병 환자가 외친,
마치 절박한 구조 신호와도 같은 기도가 바로 이것이다.

그러나 이 기도가 형식이 되어서는 안 된다.
주문이 되어서는 더더욱 안 될 일이다.
그저 주어진 삶을 살다 보면 드러지는 기장 진솔한 기도이면 된다.

아무리 기도를 해도 지친 일상이 반복되고
상황이 나아지지 않으면, 때론 이런 자괴감이 들 때도 있다.
'나는 왜 이런 기도밖에 드리지 못할까?'
하지만 자책할 필요도 없다. 우리 하나님은 이미 다 알고 계신다.

가끔 원기가 나를 찾아와 쭈뼛거리며 엉뚱한 말을 할 때가 있다.
그때마다 내 대답은 늘 똑같다.
"원기야, 뭐? 왜? 뭘 원하는데?
그냥 솔직하고 편하게 얘기해 봐."
한없이 부족한 부모인 나도 자녀의 요구에 이렇게 반응한다.
그런데 하물며 우리 아버지이신 하나님은 어떻겠는가.
물론 거창하고 유려하게 하고 싶은 말을 전하는 것도 좋다.
하지만 하나님께는 꼭 그렇게 하지 않아도 된다.
이미 다 알고 계신다.

자녀가 부모에게 요구하는 것은 대부분 같다.

"도와주세요."
"함께해주세요."

사실 우리도 하나님께 그것을 바란다.
내가 지고 가는 무거운 삶의 십자가를 잘 감당할 수 있도록
도와달라고, 힘을 달라고 부탁한다.
그전에 잊지 말아야 할 것이 있다.
내게 주어진 이 십자가는 하나님께서 허락하신 것이다.
나와 깊은 부모·자녀 관계를 유지하기 위해 주셨다.
그러니 전혀 걱정할 것 없다.
우리 아버지가 알고 계시니.

나의 약함, 그분의 강함

내 아들은 매우, 한없이 약하다.
그런 내 아들의 강함을 위해서는
나도 한없이 약해지고, 때론 비굴해지기까지 해야 한다.
원기의 상황 때문에 나는 의도치 않게 무릎을 꿇고
허리를 숙이고, 머리를 조아릴 일이 종종 있다.
도움을 청하기 위해서다.
대부분 그런 상황에 부닥쳐도 비참한 감정이 들진 않는다.
아들을 살리는 게 더 중요하기 때문에.
그런데 가끔 자괴감이 드는 때가 있다.
'내가 이런 짓까지 해야 하나?' 하는 생각이 들기도 한다.

얼마 전에도 그런 일이 있었다.

원기의 치료를 위해 고개를 숙여야 했다.

마음 한편으론 왠지 그러고 싶지 않은 거부감이 올라왔다.

하지만 난 아빠다. 원기 아빠.

마음을 누르고 하나님 앞에 앉아 기도를 드렸다.

그런 상황에선 정말 하나님께 매달릴 수밖에 없다.

최악의 감정으로 치닫는 상황,

나의 약함이 절정으로 내리꽂히는 상황,

거기서 날 구원해 주실 분은 오직 주님뿐이다.

아! 그런데 웬일인가!

약할 때 강함 되신다는 그 말씀이 분명하게 느껴졌다.

한없이 약하고 약한 내 아들 원기는

전적으로 자신의 운명을 나에게 맡긴다.

그 모습을 항상 보면서도 나는 그 '맡김'에 대해

일말의 의문도 품지 않았다.

그러면서 항상 약할 때 강함 되신다는 게 뭘까 라는 고민을 했다.

예수님도 십자가를 지실 때 도저히 못 하겠다는 마음에

하나님께 안 되겠다고 했던 순간이 있었다.

하지만, 결국 그분은 연약하고 힘없는

오직 하나님밖에 의지할 수 없는 그 사람들을 떠올리며

그들을 위해 십자가를 지셨다.

자신에게 닥친 고통과 위기를 그 힘으로 이겨내신 것이다.

나는 예수님은 아니지만,

원기의 약함을 위해 내가 할 수 있는 최선을 다해왔다.

내 아들을 위해 뭔가를 해야만 한다는 강한 사명감,

다 관두고 싶어도 끝까지 해나가려고 하는 마음 때문이다.

생각해보니 그 마음이 하나님께서 내게 주시는 마음,

바로 하나님이 주시는 진짜 강함이 아닐까 하는 생각이 들었다.

나 스스로가 강해지는 것이 아니라

하나님께 온전히 의지하면서 나아가는 것.

한편으론 또 계속 누군가에게 내 아들의 약함을 얘기하며

함께해달라고 도움을 요청하고,

그 연합 속에서 내 아들이 강해지는 놀라움을 경험하는 것이다.

그동안 원기의 삶을 보면 원기가 스스로 강해진 게 아니라
나와 나를 통한 사람들로 인해 강해진 것을 인정한다.

그렇다.
그리스도의 강함이란 스스로 강해지는 것이 아니다.
강해지려고 하나님께 나의 약함을 읍소하는 것도 아니다.
내가 약하다는 것을 진심으로 인정하기 때문에
하나님께 말씀드리고 부탁하는 것이다.
그 결과, 강해지게 만드는 사람과 상황이 연결되면서
내가 강해지는 게 아니라 누군가로 인해 강해진다는 것을
깨닫고 인정하는 것이다.
마치 원기가 슈퍼맨이 날아오르듯 자신을 들어달라고 할 때
아빠인 나로 인해 원기가 강해짐을 느끼는 것처럼 말이다.

하나님께서는 원기를 통해
나를 굉장히 약하게, 무릎 꿇게, 고개 숙이게 하셨다.
가끔은 비굴한 생각에 억울한 마음이 들기도 했지만
이제는 분명히 안다.

나의 약함이 그분의 강함이 된다는 것을.
지금, 이 순간도 세상 가장 약한 나는
그분으로 인해 세상 가장 강한 아빠가 된다.

약할 때
강함 되시네

나는 누구?

많은 사람이 자신을 안다고 생각하지만,
실제로는 그렇지 않은 경우가 많다.
알아도 부분적으로만 알거나 껍데기만 아는 경우가 대부분이다.
그러나 자신에 대해 바로 아는 것은 무척이나 중요하다.
그 결론이 적잖이 당황스럽고 냉혹할지언정 말이다.
사람은 누구에게나 약점이 있고, 어려움이 있다.
그래서 그것을 바로 보기가 두려울 때가 있다.
부정하고 싶고, 피하고만 싶다.
이 약함은 내 것이 아니라고 도망가기도 한다.

왜 그럴까?
나도 아들의 병을 알기 전에는 내 진짜 모습을 모른 채 살았다.
아니, 어쩌면 내가 바라는 모습을 만들어놓고
그것이 마치 진짜 나인 양 살았을지도 모른다.
그러나 아들 원기의 아픈 상황을 알고
속수무책으로 무너지는 나 자신과 직면하며,
치열한 몸부림 끝에 내 진짜 모습을 만났다.
생각보다 참 나약했다. 형편없고, 허무하기까지 했다.
하지만 그것이 나다. 거부할 수 없는 내 실체.
그런데 그것을 인정하고 받아들이는 순간
하나님의 친밀한 개입은 시작됐다.

사람들이 자신의 약한 모습을 부인하는 이유는 단순하다.
내 것이 아닌 다른 사람의 것이 더 좋다고 판단하기 때문이다.
내가 가진 것은 작고 형편없어 보이고,
다른 사람의 것은 마냥 좋아 보이니 그렇다.
그래서 내가 가진 부족함을 피하고만 싶은 거다.
할 수만 있다면, 인간적인 모든 노력을 쏟아부으면서까지
벗어나고 싶어 한다. 그러나 절대 쉽지 않다.

한편, 누군가는 자신의 약함을 오히려 강함으로 바꾸기도 한다.
다른 사람이 다 꺼리고 안타까워하는
때론 치명적인 결함으로 불리는 것미지 깅힘으로 바꾸어버린다.
세상의 상식으로는 쉽게 설명도, 이해도 안 되는 일이다.
대체 이런 일이 어떻게 가능할까?

그것은 신앙 안에서 자신을 바로 알 때 가능한 일이다.
자신이 누구인지, 어떤 사람인지, 한계가 무엇인지,
그럼에도 주어진 선한 것은 무엇인지.
이 물음에 대한 답을 냉정하고 솔직하게 찾은 자만이 해낼 수 있는
엄청난 일이다.

하나님은 우리 모두에게 자신의 형상을 심어놓으셨다.
그것을 부인하는 그리스도인은 없을 것이다.
그런데 놀라운 건, 그 형상이 틀에 맞춰 대량 생산되는 기성품처럼
똑같은 모습이 아니라는 사실이다.
그분은 우리 한 사람 한 사람에게 각기 다른 형상을 주셨다.
셀 수도 없이 다양한 모습을 주셨다는 말이다.
그래서 섬세하게 돌아보면 분명 한 가지는 찾을 수 있다.

나를 행복하고 즐겁게 하는 일,
내가 노력하고 열정을 쏟고 싶은 분야,
나를 가슴 뛰게 하는 것이 분명 있다.
그러니 나에게 없는 것을 찾지 말고,
나에게 주신 것에 집중해야 한다. 그것이 중요하다.
남의 것을 탐하는 것이 아니라
내 것을 발견하고 감사하자는 말이다.

세상 사람들이 말하는 '다름'과 '틀림'이 이것이다.
우리에게 주어진 하나님의 형상은 서로 다른 것이다.
내 것은 틀리고, 네 것이 옳다 하는 소모적인 내적 갈등은
이제 멈춰야 한다.
그런 실랑이에 열정을 쏟기엔 우리의 하루가,
인생이 너무 아깝지 않은가.

이제 덧없는 모든 싸움에서 벗어나
내 안에 심어진 하나님의 형상을 먼저 발견하는 도전이 필요하다.
그렇게 나를 먼저 알고 난 후엔
다른 사람의 형상 속에서도 하나님을 발견해야 한다.

우리 각자에게 심어진 하나님의 형상을 하나하나 발견해
그 조각들을 맞춰가는 것,
얼마나 멋진 일인가! 그것이 비로 우리가 이뤄낼 참 신앙이나.

하나님은 우리가 나를 알고
다른 이를 이해해가는 소중한 과정을 통해
관계 속에서 선함을 훈련받기 원하신다.
그러니 먼저 나를 최대한 객관화하여 바라보는 것이 필요하다.
'하나님께서 내 안에 무엇을 주셨을까?' 하는 질문에 대한 답을
하나님 안에서 찾아간다면, 분명 자신을 알게 되리라.
혹 발견된 내 모습에 서운한 마음이 들어도
그것은 잠깐이다.
하나님은 우리의 서운함마저 원더풀하게 사용하시는 분이니.

왼손잡이 에훗

성경은 좀처럼 사람들의 외모에 대해 자세히 말하지 않는다.
지극히 개인적인 의견이지만,
하나님은 사람을 외모로 판단하지 않는 분이니
그렇지 않을까 싶다.
하여튼 이런 가운데서도 외모에 대해 꽤 구체적으로 서술된
인물이 있다. 바로 모압 왕 에글론이다.

성경은 그를 "매우 비둔한 자" 사사기 3:17 라고
꽤 구체적으로 표현한다.
요즘 말로 풀어보자면, 겁나 뚱뚱한 사람이란 말이다.

영화에 종종 등장하는
매우 탐욕스럽게 살이 찐 지도자를 상상하면 될 듯싶다.
아무튼 이스라엘 백성은 그 비둔한 사에게
무려 18년 동안 고통을 당한다.
그 압제의 고통, 그 기나긴 속박의 사슬을 끊어낸 사람이
바로 에훗이라는 사사이다.

그는 왼손잡이였다. 당시 왼손잡이는 매우 드물었다.
그래서 지금과는 다르게 굉장한 하자(?)가 있는 사람으로 취급됐다.
'왼손잡이'를 문자 그대로 번역하면
'오른손이 제구실을 못하는 자'로 해석될 정도였으니 말이다.
사실 우리나라도 왼손잡이를 돌연변이처럼 여기던 시절이 있었으니
당시 분위기가 짐작된다.
결론은 에훗에게 왼손잡이라는 사실은, 상당한 약점이었다.

그러나 그 치명적인 약점을 가진 에훗이 엄청난 일을 이뤄낸다.
모압왕 에글론을 칼로 찔러 모압이 이스라엘에 굴복하게 했다.
그 일로 무려 80년 동안 이스라엘에 평화를 선사한,
위대한 사사가 된 것이다.

이 놀라운 일이 어떻게 가능했을까?
에훗은 조공을 바친 후 은밀히 드릴 말이 있다며
모든 부하를 물리고 에글론 왕과 단둘만 있는 상황을 만들었다.
그리고 에글론에게 하나님의 명령을 받들어 아뢸 일이 있다고 한 후,
에글론 왕이 이 말에 자리에서 일어서자
에훗은 왼손으로 오른쪽 허벅지에 찬 칼을 뽑아 왕의 배를 찔렀다.
그렇게 에글론은 죽음을 맞게 된다.

여기서 궁금증이 생긴다.
어떻게 칼로 무장한 에훗이 왕에게까지 무사히 갈 수 있었을까?
분명 수십 명의 호위병이 있었을 텐데 말이다.
당시 사람들은 거의 오른손잡이였다.
그 때문에 대부분 왼쪽 허벅지에 칼을 찼다.
빨리 뽑아 쓰기 위해 대각선 방향에 칼을 찬 것이다.
그런데 에훗은 왼손잡이니 당연히 오른쪽 허벅지에 칼을 찼고,
이런 이유로 에글론 호위병들의 감시에서 무사할 수 있었다.
에글론의 호위병들이 그간의 관례대로
에훗의 오른쪽 허벅지는 특별히 검사하지 않았던 까닭이다.
어느 성경학자는 에훗의 사건을 이렇게 평가했다.

"오른손을 못 쓰던 에훗은
 자신의 단점 때문에 하나님을 의지했다.
 그랬더니 주님은 에훗의 오른손이 돼주셨다."

그렇다.
에훗의 약점이 오히려 하나님을 의지하게 하는 요인이 됐고,
주님께 의탁할 때 하나님은 친히 그의 오른손이 돼주셨다.
베드로도 불같은 성격이 약점이었지만
이를 깨닫고 주님의 열정적인 제자가 됐고,
바울 역시 육체의 연약함을 통해
더욱 하나님을 의지하고 따르는 인생이 되었다.

하나님은 그런 분이다.
우리의 약함을 들어 강한 것을 부끄럽게 하신다.
돌연변이라고 무시당하고 따돌림당하는 인생이 주님께 나올 때,
그를 통해 놀라운 일을 행하신다.
우리는 나의 부족함에 절망할 때가 많다.
다른 사람에게 있는 것이 내게 없다고 생각될 때,

"나는 틀렸다."라며 좌절한다.
혹은 내가 가진 것을 갖지 못한 사람을 보며
"너는 틀렸어!"라고 무시하기도 한다.
그러나 틀린 것이 아니라 다른 것이다.
에훗은 그 시대의 돌연변이였지만,
틀린 사람이 아니라 다른 사람이었다.

우리 원기도 다른 아이와는 참 다르다.
외모도 다르고, 잘 할 수 있는 것도 다르다.
하지만 다를 뿐이지 틀린 것이 아니다.
물론 이 다름을 인정하기까지
짧지 않은 시간과 쉽지 않은 고민이 있었다.
그러나 답은 이미 정해져 있었다.
그 답을 찾지 못하고 빙빙 돌았던 것뿐이다.
사람들이 약하고 부족하다고 여기는 원기가
지금 누구보다 강하고 풍성한 기적과 감동을 전하고 있지 않은가!

오른손잡이라서 편한 것이 있고, 왼손잡이라서 더 좋은 것도 있다.
하나님은 그렇게 모든 가능성을 열어놓으셨다.

그 어떤 하나만 강요하고 주장하지 않으신다.
여러 다양성과 가능성을 열어주시고,
그 안에서 우리가 자유롭게 살아가기 원하신다.
그러니 "너는 나랑은 틀려, 나는 너보다 나아." 하는
우리의 편협한 시선과 판단이 얼마나 우스운가.
이것이야말로 분명하게 틀렸다.
하나님은 우리를 그렇게 만들지 않으셨다.

이 시대에도 수많은 에훗이 존재한다.
내 가족, 친구, 이웃 중에 반드시 있다.
아니 어쩌면 내가 바로 그 에훗일지도 모른다.
그래도 절대 좌절하거나 아쉬워할 필요가 없다.
내가 다른 사람과 다른 것은 반드시 이유가 있다.
다른 사람과는 다른 일을 하라고,
다른 것에 더 감사하라고,
다른 것을 더 나누라고 그분이 허락하신 선물이다.
그러니 다름을 인정하고, 감사하며, 맘껏 누리자.

다름이 탁월함이 되는
기적 같은 일이
일어날 테니.

착각

하나님께서
우리 아이에게
과연
무엇을 주셨을까?

                vs

하나님께서
우리 아이에게
분명
가장 좋은 것을
주셨을 거야!

신앙의 부모들이 범하는 착각.

하나님께서 내 자녀에게 주신 것을
그분의 시선으로 발견하지 않는 것.

자기 눈으로 보기에 좋은 것,
그럴듯한 것만을 주셨다는 착각.

그 어설픈 착각을 맹신하고 강요하는 것.

그래,
너는 특별하다

[특별(特別)함 : 보통과 구별되게 다름]

사전에 특별함이 어떻게 설명됐는지 찾아봤다.
보통과 구별되게 다른 것.
내 눈엔 'difference_차이'에 관한 설명이지
어디에도 'better_더 나은'의 의미는 없다.
그런데도 왜 사람들은
특별함이 '더 나은, 더 좋은'을 뜻한다고 여기는 걸까.

"우리 아이는 특별해요."라는 말속엔
우리 아이는 다른 아이보다 이것을 잘하고, 저것이 뛰어나다는
암묵적인 우위(優位)의식이 자리하고 있다.
평범하지 않다는 거다.
그래서 내 아이가 남달리 특출나지 않고 평범하다 생각하는 부모는
특별하다는 말에 주눅이 들기도 한다.
생각해보면 우리는 이상하거나 비정상적인 것을 보고는
도무지 특별하다는 말을 쓰지 않는다.
예를 들어 장애인을 보며 "당신은 특별하네요."라고
쉽게 입이 떨어지지 않는다.

왜일까?
특별함을 오해하기 때문이다.
특별함에 대한 정형화된 판단, 선입견 등이
우리 뇌리를 지배하고 있기에 그렇다.
그러나 장애인은 특별하다. 비장애인도 모두 각기 다 특별하다.
그래서 특별함을 바로 인식하기 위해서는
이상하거나 비정상적인 것들에서도
특별함을 발견할 기회를 전해야 한다.

특별함은 탁월함의 의미가 아니다.
그저, 그냥 다른 것이다.
쌍둥이도 얼굴이 판박이처럼 똑같지는 않다.
외모부터 성격까지 조금씩은 다 다르다.
이 세상 누구도 똑같은 사람은 아무도 없다.
하나님께서 우리를 그렇게 특별하게 만드셨다.
각자에게 특별함을 부여해주셨다.

어느 교회에 가면, 장애인 부서가 따로 있다. 참 안타깝다.
세상은 그럴 수도 있다. 잘 모르니까.
세상을 창조하신 분이 하나님이라는 것도
그분이 우리를 어떤 마음으로 어떻게 만드셨는지도 모르니
그럴 수 있다.
그런데 하나님을 안다는 우리가 똑같이 그래도 될까?
안 된다. 그래서는 안 된다.
그렇게 구분을 하는 순간, 비장애인이 장애인에게
희생하며 봉사한다는 생각을 하게 된다.
아주 틀린 생각은 아니지만,
이미 그 안에 우위가 정해졌다는 사실이 안타까울 뿐이다.

오히려 장애인과 비장애인들이 함께하며
서로의 특별함을 발견하고 인정하도록 도와야 한다.
하나님이 우릴 만드실 때 그리던 모습은 이런 것일 테다.

성경엔 하나님이 우릴 어떻게 만드셨는지 말하고 있다.
"하나님이 자기 형상 곧 하나님의 형상대로 사람을 창조하시되…"창세기 1:27
우리 각 사람에게 하나님의 형상을 심으셨다는 말이다.
이것을 인정하고 인간적인 기준과 판단을 내려놓을 때
비로소 하나님의 형상이 담긴 특별함을 찾을 수 있다.

특별함은 재능이 아니다.
하나님이 우리 안에 심어놓으신 당신의 형상이다.
그 때문에 어쩌면 나의 특별함은
내가 아닌 다른 사람에 의해 발견돼야 한다.
너의 특별함은 내가, 나의 특별함은 네가 발견하는 것이다.
개인적인 바람으로 그 특별함이 가정에서 먼저 발견되면 좋겠다.
부부가 서로의 특별함을,
부모가 자녀의, 자녀가 부모의 특별함을 발견한다면
그간 우리가 가진 특별함의 오해가 조금은 풀리지 않을까?

그리고 교회에서 그 특별함에 관해 가르칠 때
나보다 다른 사람이 더 특별하다는 것을 먼저 알게 해주면 좋겠다.

원기의 특별함은 '웃음'이다.
매우 심각한 상황에서도 그 웃음을 보면,
모든 사람이 무장 해제된다.
엄청나게 큰 힘이다. 무엇보다 원기는 있는 그대로 너무 귀엽다.
우리 수혜의 특별함은
평범하지 않거나 약한 아이들에 대한 관심이 너무 많다는 것.
대안학교를 다니다 보니 일반 학교보다는 약한 아이들이 많은데
수혜가 그 아이들을 너무 잘 돌본다고 한다.
그래서인지 선생님들이
수혜는 가정에서 얼마나 좋은 교육을 받은 거냐고 말씀하신다.
웬걸, 나는 전혀 가르친 게 없다.
그저 하나님의 형상이 수혜에게 드러난 것뿐이다.

내 아들 원기는 특별하다.
내 딸 수혜도 특별하다.
그리고 나도, 당신도 특별하다.
그래, 우리는 모두 특별하다.

너는
지금도
충분하다

더는 완벽이나 완전에 집착하지 말 것.
지금도 충분함을 받아들일 것.
'더는 안 되겠네.'라는 허탈한 포기가 아닌
'이만하면 됐다.'라고 정성껏 인정할 것.
지금의 충분함에 충분히 감사할 것.

dream signal
꿈 시그널

성경에는 많은 인물이 나온다.
만약 이 시대에 살았다면
요즘 표현으로 '핵인싸'로 소개될 이들이 꽤 있다.
그중에서도 '요셉'이란 인물은
늘 인생 역전이라는 키워드로 소개된다.
타국에 노예로 팔려 갔다가
그 나라의 총리에까지 오르는 입지전적인 삶을 살았으니 말이다.
요셉이 소개될 때마다 항상 같이 붙는 수식어가 있으니
바로 '꿈'이다.
사람들은 요셉이 엄청난 꿈을 꾸고,
그 꿈을 이룬 사람으로 알고 있다.
그러나 그 꿈은 요셉이 그리고 소망한 꿈이 아니라
하나님께서 요셉에게 주신 꿈이었다.

요셉은 형들에 의해 애굽으로 팔려 간 후
보디발의 집과 감옥에서 혹독한 훈련을 받는다.
그런데 잘 살펴보면 그곳에서 요셉은 아무런 욕심도 꿈도 없었다.
그저 하나님께서 요셉에게 꿈을 주고,
요셉을 끝까지 이끌어 가신 것뿐이다.

요셉이 스스로 무엇을 얼마나 잘했느냐는

중요한 포인트가 아니라는 말이다.

하나님은 가장 먼저 요셉을 야곱으로부터 분리해내셔서

따로 끌어가셨다. 이것이 중요하다.

부모로부터 나눠진 삶을 통해서 그 사람의 삶을 살게 하고,

계획한 것을 하나하나 이뤄 가시는 분이 바로 하나님이다.

물론 하나님은 요셉을 아끼셨다. 그것도 매우 많이.

그래서 요셉의 형제간에 얽힌 것들을 풀어내서 끌어안고

용서하게 해주셨다.

열두 아들의 얽혀 있는 애증을

하나님께서 좋은 방향으로 이끌어 가신 것이다.

요셉은 이런 역할로 쓰임 받았다.

그것이 요셉의 생에서 가장 중요한 포인트다.

그런데 우리가 집중하는 부분은

요셉이 노예에서 총리가 되었다는

드라마틱한 인생 역전 스토리이다.

요셉의 꿈을 완벽한 성공 스토리와 엮어 해석하고,

나도 우리 아이도 그런 꿈의 주인공이 되길 열망한다.

에스더도 마찬가지다.
그녀가 왕후에 오른 것은
단순히 고아였던 처녀의 성공기가 아니다.
그녀는 이스라엘 백성의 구원을 위한 초석이었다.
"이때를 위함이라."라는 믿음의 고백이 이를 증명한다.
그런데 우리는 총리 요셉, 왕비 에스더의 직함에 시선을 맞추며
그들이 하나님께 축복받은 인생이라고 여긴다.
꿈이나 사명, 이런 것들이
여전히 우리 안에서 거창하고 특별한 방향으로만 흘러가고 있다.

"너는 꿈이 뭐니?
하나님께서 널 어떻게 특별히 사용하실 거 같아?"

이 질문 안에 이미 수많은 성공 신화와 역전 드라마가 담겨있다.
그래서 어릴 때 아이들에게 꿈이 뭐냐고 물으면,
다들 한 자리씩 하는 유명인사를 말한다.
혹여 내 아이의 답이 소소하다 -부모의 판단에- 싶으면,
"우리 아이는 욕심이 없어서 꿈이 참 소박해요."라고 말하며
아이를 조용히 다그치기도 한다.

그러나 알아야 할 것이 있다.

인간인 내가 생각하는 꿈과

하나님이 날 향해 품으신 꿈이 다를 수 있다는 것을.

우리는 요셉이 총리가 된 것, 에스더가 왕비가 된 것을 보며

하나님이 그들을 크게 사용하시고 꿈을 이뤄주셨다고 말하지만,

하나님 보시기에는 그렇지 않을 수도 있다는 말이다.

오히려 하나님 입장에서 보면

요셉이 총리가 되고, 에스더가 왕비가 된 것은

그저 당신의 더 큰 꿈을 이루기 위해 사용된 과정일 뿐이다.

하나님이 그들을 통해 이루신 꿈은

흩어진 요셉의 형제들을 다시 하나로 묶으신 용서와 회복이고,

에스더를 통한 이스라엘의 구원이다.

하나님에겐 그것이 가장 중요한 꿈이었다.

나도 전에는 한국 교회를 변화시키거나

명성 높은 목회자가 되는 것이 목표였다.

성도들에게 "이렇게 살아라, 이것이 하나님의 뜻이다."라고 말하며

감동을 주는 설교를 준비하는 게 꿈이라고 여겼다.

그러나 그것은 어디까지나 내가 생각한 꿈에 불과했다.

돌아보니 하나님의 꿈은 그게 아니었다.
하나님과 나의 꿈 시그널이 전혀 맞지 않았던 거다.
원기를 돌보면서 계속 고민했던 것이 있다.
내가 목회자로서 성도를 돌보며 목양이라는 거창한 말을 하지만,
실제로 내 연약한 자식 하나 제대로 챙기지 못하면서
과연 내가 목회자라고 말할 수 있을까 하는 고민이었다.
그래서 더욱 성실하게 원기와 동행했다.
과연 하나님께서 이 아이를 통해
내게 하고 싶은 말씀이 무엇일까 집중하면서.
그러다가 깨닫게 된 것이 있다.

원기는 종종 내게 자신의 먼 미래를 말하곤 한다.
그때마다 이 아이는 자신의 삶이 언제 끝날 줄 알고
이렇게 말하나? 하는 생각이 들었다. 그러던 어느 날.

'아! 이 아이가 말하는 그 미래가
현실로 이뤄지게 하는 것,
원기가 20대를 하루라도 살게 하는 것이
내 사명이구나!'

강력하고 단단한 울림이 내 가슴에 꽂혔다.
그 마음을 품고 나니 일상의 최선에 더 탄력이 붙었다.
더욱 성실하게 끊임없이 뭔가를 시도했다.
그래서 지금도 어떤 치료가 됐든 도전해보고,
원기와 관련된 사람이면 누구든 다 만나본다.
그 과정에서 하나님께서 미겔을 만나게 하셨고,
부족하지만 내가 그 아이까지 품을 수 있게 해주셨다.
원기와 미겔, 두 아이가 조금 더 오래, 더 건강하게 살 수 있도록
도움을 주는 것이 나의 꿈이다.
그 꿈을 꾸는 지금의 나는, 너무도 기쁘고 감사하다.

하나님과 나의 꿈 시그널이 만나니, 내 꿈에서 나 자신은 빠졌다.
내 꿈의 주인공이 더는 내가 아니었다.
내가 꿈을 이뤄도 가장 행복하고 영광 받는 주체는 내가 아니란 얘기다.
요셉이 형들을 만나서 하나님이 이 일을 위해
자신을 먼저 보냈다고 고백하는 대목이 있다.
생각해보니 요셉도 그렇다.
그 모든 과정을 통해 형제들을 살리고,
이스라엘이 기근의 위기에서 벗어나는 등의 큰일이 이뤄졌다.

그 선한 일을 위해 고난과 어려움을 겪은 사람은 요셉인데,
정작 영광을 받는 주체에서 요셉 자신은 없었다.
오로지 하나님께서 영광 받으시고, 그 혜택은 형제들이 누렸다.
에스더도 "이때를" 말하며
그녀가 자신의 위치에서 결정적으로 했던 역할은
오직 생명을 살리는 일이었음을 고백한다.

이제 나도 그렇다.
목사로 살아가면서도 '내가 과연 한 사람을 살릴 수 있나?'라는
고민을 해왔다.
그러던 중 미겔과 미겔 엄마 마그다가
한국을 네 번 왔다가는 동안 세례를 받게 됐는데,
세례를 받은 이유를 이렇게 말했다.

"목사님이 믿는 하나님이라면, 나도 믿고 싶어요!"

교회에서 목회하면서 설교에 대해 평가받은 적은 있어도
"목사님 때문에 하나님을 믿고 싶어요."라는 말은 처음 들어봤다.
나를 통해 미겔과 마그다가 그런 경험을 했다니!

정말 너무 기쁘고 좋았다. 미치도록 감사했다.
그리고 그 기쁨과 감사가
진짜 신앙인이 누리는 행복이란 것을 깨달았다.

여전히 나는 부족하고 힘이 없다. 내세울 능력도 없다.
하지만 하나님 안에서 거룩한 생명의 꿈을 꾼다.
원기와 미겔
그리고 그 아이들과 같은 처지의 아이들을 살리는 것,
그것이 내게 주신 하나님의 꿈이라고 믿으며.
오늘도 부지런히 하나님과 나의 꿈 시그널을 맞춰본다.

두렵고, 하기 싫고, 힘들지만
나에게 주어진 상황을 살아내는 것.
때로 혼자 감당하기 힘들 때면
내 손을 잡아주는 당신과 함께
하나님께서 기뻐하시는 길로 향하는
아름답고 선한 걸음.

책임감

하나님은 과잉보호하지 않으신다

사랑이란, 뭘까.

우리는 흔히 '사랑'하면 모든 것을 일일이 다 챙겨주고

오직 나에게만 올인해 주길 바라는, 그런 것을 떠올린다.

과하게 넘치는 사랑을 받고 싶은 마음이 있는 것이다.

그래서 부모가 자녀를 과잉보호하는 것도 옳지는 않지만,

사랑이라고 여긴다.

그런데 하나님은 우리를 과잉보호하지 않으신다.

이미 십자가 사건을 통해 당신의 사랑이 얼마나 크고 깊은지를

전부 보여주셨다.

이미 보여주신 사랑으로 우리가 세상을 살아가길 원하신다.

하나님은 균형의 하나님이다.

태양계가 균형을 가지고 돌아가듯

하나님은 언제나 누구에게나 균형을 맞추신다.

물론 내 입장에서만 보면,

조금은 섭섭하게 들릴 말이기도 하다.

그 사랑을 나만 받으면 좋겠는데,

그 사랑의 시선이 내게만 향해있으면 좋겠는데 말이다.

하지만 그럴 필요가 전혀 없다.

십자가의 사랑을 통해 하나님은 이미 우리 모두에게
공평하고 균형 있는 사랑과 은혜를 보여주셨다.
그래서 믿는 사람들은 게시 된 십지가 사건을 구현해내기 위해
보다 엄격한 삶을 사는 자녀처럼 노력해야 한다.
왜냐면 우리는 선택받은 사람들이니까.
계시 된 사건을 구현해 낸다는 의미는 이것이다.
각 개인의 삶에서 노력하지 않아도
사랑을 쏟아낼 수밖에 없는 삶의 영역을 각자에게 주셨다는 것,
그 사실을 깨닫고 지켜야 한다.
때론 이것을 고난이라는 이름으로 얘기할 수도 있다.
하나님의 자녀로 택함을 받는 순간,
우리에겐 생명과 구원도 주어졌지만
동시에 사랑을 쏟아내야만 하는 삶의 영역도 주어졌다.
그것이 거부할 수 없는 우리의 운명이다.

십자가 하면 저주나 징벌을 먼저 떠올리는 사람이 있다.
그래서 나를 괴롭게 만드는 가족이나 친구 등의 관계를
내게 주어진 십자가라고 말한다.
그 말속엔 피할 수만 있다면 피하고 싶은 마음이 스며있다.

그러나 십자가는 그렇지 않다.
우리에게 주어진 십자가는 저주나 징벌이 아니다.
가혹한 운명이나 순응할 대상이 아니다.
하나님이 우리에게 엄격하게 요구하신
계시 된 십자가의 사랑을 실천하는 영역이다.
목숨까지 바쳐 우리를 사랑하신
예수님의 그 사랑을 다시 전해야 하는 거룩한 명령이다.

내 십자가는 원기이다.
누군가에겐 남편일 수도, 부모님이나 친구일 수도 있다.
사랑의 실천이 버겁고 힘들어도,
때로 지쳐 포기하고 싶어도 내가 할 수 있는 최선을 다하길.
더불어 그 최선 안에 잘못된 것은 과감히 결단하고 끊어내는
더 깊은 사랑이 담기길 응원한다.

사랑을 실천하는
구체적인 방법

매 맞는 아내가 있다.
그녀는 자신을 때리는 남편에게 어떻게 사랑을 실천해야 할까?
마흔이 넘도록 결혼을 못 한 친구에게
사랑을 실천하는 방법은 무엇일까?
상대방을 존중하면서 그 사람이 상처받지 않도록.
그리고 무엇보다 중요한 것은
실질적으로 도움이 되는 방법을 같이 찾아주고 모색해 주는 것.
나는 그것이 사랑이라고 믿는다.
상대방 인생의 터닝 포인트가 되는 노력이
어찌 기도만 가지고 되겠는가.

"여보, 당신이 날 계속 때리니 당신을 위해 경찰에 신고해야겠어요.
그런 후에 당신이 잘못을 깨닫도록 제가 계속 기도할게요!"

"친구야, 네가 결혼을 못 한 이유는 내가 보니 이래이래서야.
그러니까 넌 그 부분을 고치면 결혼할 수 있을 거야.
내가 기도해줄게!"

이게 과연 남편을 위하고, 친구를 사랑하는 모습일까?
남편에게서 폭력을 거두기 원한다면,
경찰이 아닌 정신과 의사에게 먼저 데려가야 한다.
그 친구가 진짜 결혼하기 원한다면,
그 친구를 진짜 사랑한다면, 좋은 배우자감을 소개해줘야 한다.
그것이 사랑이다.
그렇다 보니 참 어렵다.
말이 쉽지, 직접 행동으로 실천하기란 절대 쉬운 일이 아니다.
선한 동기로 시작했지만, 오해를 받기도 실패하기도 하니 그렇다.
제대로 사랑을 실천하는 법은 이토록 어렵고 힘든 일이다.

우리에게 그런 사랑의 실천을 보여주신 분이 예수님이다.

그래서 예수님의 사랑이 얼마나 크고 위대한지를 깨닫지 않으면
십자가는 여전히 나에게 목걸이 장식 이상의 의미가 없다.
아무런 힘도 없다.

'예수님은 왜 십자가를 지셨을까?'
'우리에게 왜 십자가의 사랑을 보여주셨을까?'

우리는 언제나 늘 하나님께 도와 달라고만 간청한다.
다른 이를 돌아볼 여력이 없다.
입으로는 사랑을 말하면서도 정작 작은 손해라도 볼라치면
화들짝 손사래를 치며 난색을 보인다. 이것이 우리의 현실이다.
그래서 만약 예수님의 십자가 사건이 없었다면,
우리는 여전히 요구만 하면서 살았을 터다.
그러나 예수님은 몸소 자신을 죽이면서까지 사랑을 보여주셨다.
우리를 얼마나 사랑하셨으면, 자신의 목숨을 기꺼이 바치셨을까!
감히 짐작도 상상도 할 수 없는 사랑.
감히 내 안에 담기엔 너무도 큰 사랑.
그 위대한 사랑에 절로 숙연해진다.

그 사랑의 깊이를 깨닫고 나니 달라지는 게 있다.
내가 아무리 노력해도 안 되는 부분과 맞닥뜨렸을 때,
그 사랑이 다시금 나를 각성케 했다.

'그래, 예수님의 십자가 사건이 있었지.'

어느 순간, 그렇게 예수님의 십자가가 내 것이 되었다.
내 삶의 모든 물음표가
감사와 환희의 느낌표로 바뀌는 순간이었다.

'아! 하나님께서 나를 철들게 하시고, 교만하지 않게 하시려고,
내 한계의 기준점으로 십자가 사건을 주셨구나!'

해결되지 않는 내 삶의 문제와 고통에
예수님의 십자가 사건이 없었다면,
내가 과연 하나님을 끝까지 믿을 수 있었을까?
인간의 한계와 절망에 대한 끝을 던져주심으로
우리는 십자가를 붙잡고 하나님께 더 나아가게 되었다.

사랑을 실천하는 방법은 어렵지만, 절대 불가능한 일은 아니다.
한 사람이 단 세 명씩에게 사랑을 실천한다고 가정해보자.
내 가족을 제외한 세 사람에게 사랑을 실천하면,
그 세 사람이 각자 또 다른 세 사람에게 사랑을 실천한다면,
세상은 어떻게 될까?
마치 냉장고에 가장 좋아하는 세 가지 음식을 쟁여놓는 것처럼
내가 사랑을 실천할 사람들을 항상 채워놓으면 된다.
그러다가 만약 한 사람이 빠지면
다시 또 다른 한 사람을 찾으면 된다.
여기에 또 놀라운 비밀이 하나 있다.
빈 사람을 채우는 것은 내가 굳이 하려 하지 않아도
하나님이 붙여주신다.
우리가 십자가의 사랑을 깨닫고, 그 사랑을 실천하기로 한다면
그 순간부터 하나님께서 직접 채워주신다.

사랑은 참 희한하다.
나누고 실천하는 사람은 분명 나인데,
마이너스가 되어 사라지거나 피곤하지 않다.
오히려 나눌수록 넘치고, 실천하고 행동할수록 힘이 난다.

그러니 사랑하자.
입으로만이 아니라 손과 발로, 온몸으로, 사랑을 실천하자.
내가 먼저 경험한 이 짜릿한 비밀을
더 많은 이가 누리길 간절히 바라며.
내 사랑의 실천 3인방을 공개한다!

"합정동 할아버지와 아드님,
이촌동 친구 목사님,
그리고 원기의 친구 미겔!
사랑하고 또 사랑합니다!"

사랑의 힘 I

용서하면 떠오르는 인물, 바로 요셉이다.
요셉은 자신을 팔아버린 형들을 용서하고,
자신을 모략하고 위기에 빠뜨린 보디발의 아내도 용서했다.
절대 쉽지 않은 일이다.
그 힘들고 어려운 일을 요셉은 어떻게 이뤄냈을까?
사실 요셉은 밉상이었다.
아빠인 야곱은 열두 형제 중에
오로지 요셉에게만 채색옷을 입힐 정도로 요셉을 편애했다.

그런데 요셉은 굳이 그것을 자랑하고,
때론 형들의 잘못을 아빠에게 이르는 얄미운 존재였다.
그런 요셉이 결정적으로 엉킨 실타래를 다 풀어낸다.
먼저는 보디발의 아내를, 후에는 형들까지 다 용서한다.
요셉이 이룬 가장 위대한 일은 바로 용서이다.

사람들은 요셉이 이런 용서를 베풀 수 있던 근원이
그가 당한 고난에서 시작된다고 말한다.
그러나 내 생각은 좀 다르다.
훨씬 이전으로 거슬러 올라가 요셉의 어린 시절을 주목해보면,
야곱의 열두 아들 중에서 아빠의 사랑을 가장 많이 받은 사람이
바로 요셉이라는 사실이다.
자녀를 키우는 부모들은 안다.
아니, 굳이 그 경험이 없어도 많은 사람이 알고 인정한다.
성장 과정에서 부모나 다른 대상에게
참 사랑을 충분히 받은 아이들은
어떤 상황에서도 정서적인 안정감이 결정적인 역할을 한다는 것을.

야곱은 이상하리만큼 요셉에게는 사랑만 주었다.

당시에 차별을 당한 형제들에겐 매우 큰 불만이었겠지만,
훗날 그 사랑이 요셉이 모든 형제를 다시 품을 수 있는
가장 중요한 원동력이 되었다고 생각한다.
당연히 그 용서의 마음을 주신 분은 하나님이다.
하지만 그 마음이 요셉의 어디에서 왔냐고 묻는다면,
요셉이 야곱으로부터 아낌없이 받았던 그 사랑,
바로 거기로부터 왔다.
요셉에게 벌어진 일은 한편으론 야곱의 편애가 불러온 참극이다.
그러나 하나님의 큰 그림으로 보자면, 결국 다 그때를 위함이었다.
야곱이 그토록 아낌없는 사랑을 부은 자녀가
결국 그 일을 완성해낸 것이다.
야곱의 편애가 형제간의 불화를 일으키기도 했지만,
하나님은 그것을 통해 요셉에게 충분한 사랑의 마음을 주셨다.
그리고 훗날 그 마음을, 용서라는 더 큰 사랑으로 풀어내신다.

자녀가 하나님에 대한 인식을 형성하는 데
가장 중요한 역할을 하는 사람이 그래서 아빠이다.
자녀들은 하나님이 정말 조건 없는 사랑을 주시는 분이고,
무조건적인 나의 편이라는 걸 부모, 특히 아빠를 통해 느낀다.

아빠로부터 충분한 사랑을 받아
정서적 공감과 안정을 형성한 사람은
홀로 던져졌음에도 수많은 유혹을 이겨내며
굳건히 자신의 자리를 지킨다.
사소한 자극에는 흔들림 없는 평안함이 그 안에 존재한다.

우리는 하나님을 아바, 아버지라 부른다.
그렇다 보니 육신의 아빠가 자연스럽게 투영되는 경우가 있다.
실제로 아빠를 무서워하고 두려워하는 사람들은
하나님을 만나는 것도 두려워하는 경우가 있다.
반대로 아빠와 친구같이 지내는 사람들은
하나님에 대해 더욱 친근함을 쉽게 느끼게 된다.
결론적으로, 아빠와 사이가 좋은 사람들이
하나님과의 관계도 훨씬 좋을 수 있다는 말이다.
인간인 우리 아빠도 이렇게 날 사랑하는데,
하물며 하나님 아빠는 얼마나 나를 더 사랑하실까 한다는 얘기다.
혹 우리 아이는 아빠가 없는데 어쩌지? 하고 걱정할 건 아니다.
아빠를 대신해 아낌없이 무조건적인 사랑을 주는 존재만 있으면 된다.
아이들에겐 그런 존재가 꼭 필요하다.

끝없이 나를 지지해주고, 믿어주며,
부족함 없는 사랑으로 안아주는 존재.
그 사랑의 힘이 어려운 일을 쉽게 풀어주고,
불가능한 것을 가능하게 할 것이다.

사랑의 힘 II

원기와 함께하며 가장 확실하게 배우고 깨달은 것은
바로 사랑의 힘이다.
모든 위기와 고난의 시간을 견딜 힘이 사랑에 있음을 알았다.
전에는 말로 글로 머리로만 알던 얘기였다면,
이제는 그것을 가슴으로 깨달아 삶으로 말할 수 있다.

바울 역시 나에게 사랑의 힘을 가르쳐준 인물이다.
예전엔 바울하면 왠지 차갑고 냉철한 이미지가 컸다.

그런데 바울서신, 특히 고린도전·후서를 읽고 난 후
그를 다시 보게 됐다.
바울이 사랑에 관해 말하는 것들을 보며
그가 정말 따뜻한 사람이라는 걸 느꼈다.
특히 약자들에 대한 배려가 남달랐다.
대체 바울은 어떻게, 사랑에 대해 그리도 깊은 깨달음을 얻었을까?
사랑의 진리를 어떻게 알게 됐을까? 모든 것이 궁금해졌다.

우리가 지금은 거울을 보는 것 같이 희미하나
그 때에는 얼굴과 얼굴을 대하여 볼 것이요
지금은 내가 부분적으로 아나
그 때에는 주께서 나를 아신 것 같이 내가 온전히 알리라 고린도전서 13:12

이 구절을 수백 번 읽었다.
보스턴에서 원기 치료에 실패하고 들어오면서
다시 붙잡게 된 말씀이다.
바울은 사실 온 힘을 다해 전진하던 사람이다.
그런 그가 살면서 모든 게 희미했고, 그래서 순간순간 무엇을 할지
계속 고민했다고 고백한다는 것이 놀라웠다.

이 말씀이 내겐 너무도 큰 위로가 됐다.

완벽해 보이는 바울 역시도

뭔가 분명해서 신앙의 길을 간 게 아니었다는 사실이다.

나는 부분적으로 알면서도 신앙이 분명한 걸 말해야 한다고 여겼고,

신앙인이라면 그것을 크게 외쳐야 한다는 그런 강박증이 있었다.

그런 내가 이 말씀을 다시 보면서 가장 중요한 것을 깨닫게 됐다.

바울이 그렇게 인생에서 고민을 많이 하며

희미한 것 때문에 좌절을 해봤기에 깨달았던 그것을 말이다.

다름 아닌 믿음·소망·사랑의 필요성,

그중에 특히 사랑이 가장 중요하다는 것을.

우리가 그리스도인으로서 희미한 세상을 살아가면서

그 희미함을 극복하는 방법은 결국 오직 사랑뿐이다.

사랑을 실천해가면서 사랑을 통해 살아갈 힘을 얻게 되는 것,

그것이 이 말씀과 바울을 통해 새롭게 느끼게 된 사랑의 힘이다.

인간의 사랑은 하나님으로부터 왔다.

그런데 하나님의 사랑이 어떤 것인지는

결코 설교나 말, 이런 것으로는 절대 형용할 수가 없다.

눈물과 희생, 몸부림과 온갖 회의감 속에서도
내가 나를 포기하면서까지 뭔가를 쏟아붓는 그 대상,
혹은 그런 삶을 통해 조금이나마 하나님의 사랑이란 걸 알게 된다.
그래서 "사랑은 어떤 것이다."라고 함부로 얘기할 수 없다.

원기와 매일 함께하면서 알게 된 사랑의 또 다른 모습은
바로 생명이다. 사랑은 살아있음과 연결된다.
살아있게 하기 위함이고, 살려냄이다.
사랑이 생명과 연결된다는 것을 매일 원기를 통해서 느낀다.
누군가를 사랑하기 때문에 궁극적으로 어떤 것도 바라지 않고,
오직 그가 살아있는 것과
내가 그 대상을 살리는 것만이 유일한 목적이 되는 것,
그것이 사랑임을 알았다.
나는 내 아들을 이렇게 살리기 위한 사랑을 한 것이다.

그런데 예수님은 어떤가.
그분은 특정한 누군가가 아닌
온 인류를 향한 사랑을 '십자가 사랑'으로 보여주셨다.
그것도 자신을 죽이면서까지.

만약 원기가 아프지 않았더라면,
하나뿐인 아들을 보낸 하나님의 사랑과
자신을 죽인 예수님의 십자가 사랑을
이토록 깊이 받아들일 수 있었을까.
그 은혜와 사랑이 너무도 벅찼다.
감히 인간인 내가 흉내도 낼 수 없는
그 엄중한 무게에 절로 탄식이 터져 나왔다.
한편으로는 오직 내 아들에게만
이런 사랑을 줄 수 있다는 한계를 느꼈다.
인간은 얼마나 제한적이고 조건적으로밖에 사랑할 수 없는지
그 사랑의 한계를 다시금 깨달았다.

그렇다.
인간의 힘으론 진정한 사랑을 이뤄낼 수가 없다.
세상 사람들은 사랑은 'give and take'라고 말하지만,
바라고 주는 것 자체에서 이미 관계는 틀어진다.
오히려 하나님이 날 그렇게까지 사랑하셨다는 것을
인정하고 감사하면서, 나도 그렇게 사랑하려는 몸부림이
진정한 사랑을 알게 할지도 모른다.

사랑에도 연습이 필요하다는 말이 있다.

물론 전혀 틀린 말은 아니다.

연습도 필요하고, 훈련도 해야 한다.

그런데 왠지 그 말을 들을 때마다

세상 사람들이 만들어낸 고상한 취미(?) 같다는 생각이 든다.

믿는 사람들은 자신이 절대 해결할 수 없고

극복할 수 없는 일을 통해서 깨지고,

그 깨짐 가운데 내가 믿음 안에서 뭘 붙잡아야 하는지를

생각하며 찾아봐야 한다는 입장이다.

그러면 자연스럽게 하나님이 우릴 얼마나 사랑하셨는지

그 깊이를 알게 되고, 결국 내가 그 사랑을 전해야 할 대상이

누구인지까지 영역이 확장된다.

나는 원기를 통해 '하나님의 사랑이 이렇게 흘러가는구나.'를

온몸과 마음으로 느꼈다.

내가 무언가를 붙잡는다고 해결되는 것이 아닌,

나를 붙잡는 그 힘을 느껴야 한다는 것도 알았다.

우리는 깨어지는 과정이나 상황을 통해서

깊은 긍휼의 마음을 배우게 된다.

연습한다고, 훈련한다고, 그 긍휼과 사랑의 마음이
온전히 깨달아지는 것은 아닐 것이다.
누군가를 돕거나 사랑하려는데 마음이 내키지 않는다면,
자신의 그런 상황을 먼저 솔직하게 기도하고
긍휼의 마음을 달라고 기도해야 한다.
세상 사람들도 다 안다.
마음이 없는 행동은 아무런 의미도 힘도 없다는 것을.

그러니 삶 가운데 사랑의 힘을 제대로 느끼고 싶다면,
먼저 사랑의 실체를 바로 알아야 하고
자신의 마음에 먼저 그 사랑을 온전히 담아내야만 한다.
그렇게 되면, 전하지 않고 표현하지 않고서는 견딜 수가 없다.
사랑은 그런 것이다.

선한
사마리아인

성경에는 비유가 담긴 많은 이야기가 있다.
그중 가장 유명한 비유 중의 하나가 바로 '선한 사마리아인'이다.
예수님이 이 이야기를 하신 이유가 있다.
"네 이웃을 네 자신과 같이 사랑하라."라고 말하자
한 유대인 교사가 "내 이웃이 누구입니까?"라는 질문을 했다.
이에 예수님이 전한 비유가 바로 이 선한 사마리아인이다.

어느 날, 길을 가던 사람이 강도를 만나 가진 것을 모두 빼앗기고
심한 상처를 입고 길가에 쓰러졌다.
쓰러진 사람의 곁을 총 세 사람이 지나가게 되는데,

이들의 반응이 제각각이다.
먼저 누가 봐도 신앙심이 깊다고 보이는 두 사람,
즉 제사장과 레위인은 도움이 필요한 그를 모른 체하며 지나쳐버린다.
그런데 그를 본 사마리아인이 다친 사람의 상처를 싸매고
주막으로 데려가 주인에게 그 사람을 돌봐주라면서
자신이 가진 돈까지 줬다는 이야기다.

사실 이 이야기를 들은 당시의 유대인들은 굉장히 당황했을 것이다.
왜냐하면 유대인들에게 있어 '사마리아인'이라는 단어는
입에 담고 싶지도 않은 부류였기 때문이다.
실제 유대인들은 사마리아인을 한순간에 멸망하게 해달라는
기도문을 쓸 정도로 그들을 경멸하고 저주했다.
그런데 거룩하다 칭송을 받는 제사장과 레위인마저 하지 않은 일을
그 열등한 사마리아인이 했다니,
얼마나 거부하고 싶은 이야기였을까.

그런데 이 말씀에서 우리가 주목해서 볼 대목이 있다.
"어떤 사마리아 사람은 여행하는 중 거기 이르러
그를 보고 불쌍히 여겨" 누가복음 10:33

복음서에 등장하는 누군가를 "불쌍히 여겼다"라는 표현은
대부분 예수님의 마음을 표현한 것이다.
즉, 이 사마리아인은 예수님의 마음으로
강도당한 사람을 바라봤다는 의미이다.
제사장과 레위인이 사마리아인과 차이를 보이는 시점이
바로 이것이다.
선한 사마리아인의 핵심은 불쌍히 여기는 마음에 있다.
방법론에 있지 않다.
마음을 느끼는 것, 그것이 결국은 예수님의 마음이다.
하나님께서 주시는 선한 마음이다.

미국 보스턴에 원기 치료차 갔을 때 만났던 미겔.
그 아이가 유일하게 내 가족 이외에 마음을 다하는 존재이다.
미겔을 보면 그냥 불쌍히 여기는 긍휼의 마음이 든다.
내가 할 수 있는 것을 다해 그 아이를 돕고 싶다.
그런데 그 마음은 내 의지로 품게 된 마음이 아니다.
내가 미겔을 생각하면서 느끼는 긍휼의 마음을
때론 내 지인들도 이해하지 못한다.
굳이 그렇게까지 해야 하냐는 말을 들은 적도 있다.

오히려 그때 나는 그런 말을 하는 사람들을 이해할 수 없었다.
그런데 나중에 느낀 것은 각자에게 허락하신 마음이 있고,
붙여주신 대상이 있다는 사실이다.
하나님이 내게 가족 이외에 긍휼의 마음을 주신 상대가 미겔이다.

사마리아인이 다친 사람에게 긍휼을 베푸는 단계를 보면
'가까이 가서', '돌보아주고' 등의 동사들이 나온다.

'가까이 가다'라는 단어에는 마음의 벽을 허무는 것이 내포되어있다.

누군가를 돕는다는 것은 '그렇게 해'라고 해서 하는 게 아니라
그 마음이 있을 때 먼저 가까이 가게 된다는 말이다.
그래서 예수님께서 말씀하시는 '불쌍히 여기는 마음'이란
'안 됐네.' 하며 눈물 흘리고 기도하는 것을 말하는 것이 아니다.
'가까이 가는 것'이다.
직접 가보고, 눈으로 보고,
내가 느껴야 뭔가를 해줄 수 있다.
선한 사마리아인처럼 말이다.

세상이 각박하다고 한탄하는 이들이 많다.
우리 안에 끊임없는 경쟁이 존재하는 한
세상은 각박해질 수밖에 없다.
그러나 늘 그렇듯 방법이 없는 것은 아니다.
알면서도 무시하고 지나치는 것들,
그 소중한 가치들을 우리가 먼저 실천하면 된다.
조금 손해 보는 것 같더라도, 때론 무의미한 시도 같더라도
그냥 먼저 다가가면 된다.
그것이 우리를 향한 하나님의 뜻이니 그렇다.
그분께서 먼저 우리에게 보이신, 선하고 아름다운 동행을
이제 우리가 시작하길.

하루만
볼 수 있다면

어린 시절 헬렌 켈러의 이야기를 듣고 적잖이 놀란 기억이 있다.

가히 짐작조차 할 수 없는 막막한 상황에서

그분은 어찌 그런 일들을 할 수 있었을까 하는 생각에

감동을 넘어선 충격을 받았더랬다.

사람의 의지가 얼마나 강력하고 중요한지

그에 비해 난 얼마나 풍족한 사람인지

어린 나이였지만, 그녀의 도전과 업적은 내게 큰 귀감이 되었다.

시간이 흐르고 흘러 원기의 아빠가 되고,

헬렌 켈러의 자서전 <사흘만 볼 수 있다면>^{산해}이란

책을 읽었다.

생각해보니 그녀의 도전과 업적에만 관심을 쏟았지
실제 그녀의 일상이 어땠을지에 대해서는
크게 생각하지 않았단 걸 알았다.
무엇보다 사랑하는 사람을 볼 수 없는 안타까움이
얼마나 큰 상실감이었을지 말이다.

그녀는 이 책을 통해 우리가 당연하다고 여기는 것이
얼마나 큰 축복인지를 전한다.
특히 만약 그녀에게 볼 수 있는 사흘이 주어진다면,
그녀가 그 사흘을 어떻게 사용하며 무엇을 볼 것인지를
기록한 부분에서는 울컥하는 뜨거움이 느껴졌다.
볼 수 있다는 것이 이리도 큰 축복이었구나 하는 것을
절로 느끼게 해준 대목이다.
그녀는 볼 수 있는 우리를 향해 이런 당부와 충고의 말을 남겼다.

"마치 내일 눈이 안 보이게 될 사람처럼
 여러분의 눈을 사용하세요."

이것이 내가 원기를 바라본 마음이다.
원기를 내일은 볼 수 없을지도 모른다는 생각에
오늘 온 마음을 담아 원기를 본다.
원기의 모습을 눈에 담고, 마음에 담는다.
그럴 때마다 신기한 일이 벌어진다.
남들 눈에는 우리 원기가 조금은 이상하고 낯설게 보일 수 있지만,
나는 그 안에서 아름답고 귀한 모습을 본다.
마음을 달리하면 보이는 것도, 추억의 잔상도 달라진다.

우리는 늘 오만한 착각 속에 살아간다.
내 곁에 있는 사람들과 언제까지나 함께할 수 있을 거라고 말이다.
하지만 잠시 멈춰 생각하면
우리 안에 이미 예정된 여러 가지 마지막을 떠올리게 된다.
혹자는 그 사실을 부정하고픈 마음에
일부러 잊기 위한 노력을 하기도 한다.
그러나 그런다고 달라질 것은 없다. 정해진 끝은 변함이 없다.
아쉽지만 이 땅에서 우리에게 주어진 것 중에 영원한 것은 없다.
만남, 사랑, 행복, 꿈….

영원한 불멸의 가치로 소유하고 싶은 것들은
언젠가는 다 떠나보내야 할 것들이다.

게다가 마음이 더 어려워지는 이유는
그 이별의 시점을 아무도 모른다는 것이다.
영원하길 바라던 행복도, 열정을 다해 꿈꾸던 드높은 이상도
한때의 추억으로 기억되는 날이 온다.
불변한 사랑에 대한 약속도 눈물로 사라지는 때가 온다.
그리고 영원히 내 곁에 있어 줄 거라 막연한 기대를 했던
사랑하는 가족과 이별해야 하는 순간도 온다.
생각만 해도 아프고 가슴 저리는 얘기지만,
이 모든 것이 우리에게 예정된 일이다.

그래서 나는 지금, 이 순간을 늘 마지막이라 여긴다.
마지막임을 인지하는 순간, 모든 것은 달라진다.
상황은 달라지지 않지만, 그 안에 흐르는 에너지가 달라진다.
나의 태도가 달라지기 때문이다.
마지막인데, 마지막으로 볼 수 있는 사람인데
어찌 똑같을 수가 있겠는가!

중요한 것은 이것이다.
늘 인지하고 되새기는 것, 깨어있는 것이다.
소중한 것들과 이별을 경험해 본 사람은 안다.
지금 허비하고 있는 이 시간과 만남이 얼마나 귀한 것인지를.
떠나고 난 후에 후회하는 어리석음에 사무치지 않도록
더 많이 함께하고, 더 깊은 교감을 나누며
당신의 마음을 표현하길.

"단 하루만
더 볼 수 있다면,
무엇을 보실 건가요?"

이별

그 순간만 생각하면

어떨 때는 잘 할 수 있을 것 같기도 하고

또 어떨 때는
내가 과연 그럴 수 있을까 싶기도 하고…….

죽음을
준비하다

원기의 병을 알고 난 다음, 매일 밤 죽음의 공포와 싸워야 했다.
얼마나 슬프고 아팠던지.
원기와의 모든 것이 끝날 거라는 생각이
날 절망과 공포로 몰아넣었다.

그 극한의 어두움이 절정에 달한 건 보스턴병원 MRI실에서였다.
검사를 받으며 고통스러워하는 원기를 보며
죽음과 이별에 대한 두려움이 극에 달했다.
예리한 칼로 심장을 도려내는 듯한 고통에 몸부림치며
어찌할 수가 없었다.
그렇게 세 시간 정도 흘렀을까.

'아…, 이 모습이구나.
이렇게 끝나는 거구나….'

진이 빠져 기절하듯 가만히 누워있는 원기를 계속 바라보다 보니
이런 생각과 마주하게 됐다.
그 순간 불현듯 뇌리를 스치는 질문이 떠올랐다.

'원기야, 행복했니?'

언젠가 오게 될 원기의 마지막 순간에
내가 원기에게 하게 될 질문.
이 질문에 과연 나는 얼마나 당당할 수 있을까,
혹시 더 잘해줄 걸 하며 후회의 눈물을 흘리지는 않을까 하는
생각이 들었다.
덜컥 겁이 났다. 준비되지 않은 죽음, 갑작스러운 이별이 가져올 폭풍은
정말이지 끔찍하다.

사람은 누구나 죽는다. 죽지 않는 사람은 없다.
하지만 가끔 우리가 죽는다는 사실을 잊고 살 때가 있다.
마치 영원히 살 것처럼 말이다.

그런데 또 생각해보면 죽음만 잊고 사는 것도 아니다.
때론 삶도 잊어버린 채 살아간다.
지금, 이 순간 내가 살아있다는 것
내게 주어진 이 시간이 얼마나 귀한지 잊은 채 산다.

'죽음을 잘 맞이하는 방법이 있을까?'
'생명의 탄생이 축복인 것처럼 죽음 또한 축복일 수는 없을까?'

소중한 아들의 죽음을 목전에서 경험해보니
그저 죽는 것을 '당할 수'는 없었다.
누구보다 잘 받아들이고, 기쁘고 행복하게 보내주고 싶었다.

나는 하나님을 믿는다.
그래서 나와 원기가 죽고 나서 천국에 갈 것이라는 확신이 있다.
그것이 우리 가족에겐 큰 위로가 된다.
하지만 이 역시 준비되지 않은 죽음 앞에선
아무런 위로도 힘도 되지 못한 시간이 있었다.
하나님은 우리가 이 땅에서도 행복하길 바라신다.
절대 부정할 수 없는 사실이다.

그렇다면 이생에서의 마지막 순간에
스스로 어떤 질문을 던질 수 있을까?
하나님께서 사랑하는 자녀에게 원하시는
삶의 모습은 어떤 것일까?
얼마나 많은 것을 이뤘는지, 소유했는지는 결단코 아니리라.

'내 삶은 행복했을까?'
'나와 함께한 사람들은 행복했을까?'

이 질문에 대한 가치를 추구하는 사람,
그들이 진짜 그리스도인이다.
행복, 함께함, 따뜻함, 아름다움.
우리가 삶에서 이루고 드러내야 할 이 가치들은
분명 하나님으로부터 온 것이다.
그런데도 우리는 세상의 것에 마음을 뺏겨
이 소중한 가치를 너무 등한시하며 살아왔다.
그러나 잊지 말아야 한다.

우리의 본질은 삶에서 선한 가치를 이루는 것이다.

그래서 죽음은 준비가 필요하다.
매일, 마지막 순간에 스스로 던질 질문에 대한 답을 찾아가는
애씀과 몸부림이 필요하다.
하나하나 그 답을 이루어갈 때
죽음은 더는 낯설고 두렵기만 한 삶의 이벤트도, 끝도 아니다.
극히 자연스럽고 익숙한 삶의 과정일 뿐이다.

물론 원기는 지금도 죽음을 두려워한다.
어린 소년이 받아들이기엔 절대 쉽지 않은 문제임을
누구보다 잘 안다.
사람들은 우리처럼 큰일을 겪으면,
죽음에 대해 뭔가 심오한 얘기를 나눌 거라는 기대를 한다.
하지만 그렇지 않다.
우리에겐 그런 나눔이 그다지 중요한 이슈가 아니다.
원기에게 필요한 것은 그저 언제나 아빠가 함께한다는
안정감과 편안함이다. 그것이 더 중요하다.
그러나 원기에게 그 순간이 오면 단호하게 말할 것이다.
두려워하지 말라고. 아빠는 항상 너의 곁에 있을 거라고.
그리고 천국에서 다시 꼭 보자고 말이다.

지금 원기는 20대의 삶을 꿈꾸고 있다.
그것이 원기 삶의 원동력임을 알기에, 할 수 있다고 말해준다.
물론 기적 같은 일이지만 실제 할 수 있다고노 믿는다.
그러나 그보다 더 중요한 것은 원기의 마지막 순간이 오더라도
절대 당황하거나 두려워하지 말자는 다짐이다.
이토록 오랫동안 자식의 죽음을 준비해 온 부모가
자식이 떠나는 그 순간에
울며불며 이성을 잃는 것은 너무 어리석고 멍청한 일이다.
하나님을 통해서 미리 준비한 시간,
죽음과 이별에 대한 예방주사를 맞은 아빠인 만큼
그 순간을 담담하고 평안하게 맞아야 한다.
그래서 한편으로는 너무 감사하다.
만약 원기가 사고로 갑자기 세상을 떠났다면,
나도 절대 이런 생각을 하지 못했을 테니….

나는 오늘도 원기를 마음 다해 사랑하고,
최선을 다해 표현한다.
마지막 순간에 절대 후회하지 않기 위해서.

그래서 내가 상상하는 원기의 마지막은
행복하고, 따뜻하며, 아름답다.
마지막을 함께 축복하며 마무리하고,
천국의 소망을 꿈꾸는 것이다.

오늘도 우리는
행복한 죽음의 완성으로
천국의 시작을 준비한다.

원기야,
행복했니?

응, 아빠.
나는 아빠 덕분에
너무 행복했어!

삶의 흔적, 사랑의 흔적

한때는 거창하게 여겼던 것들이

얼마나 허무한 허상이었는지를 깨닫는 순간이 있다.

한여름 눈부시게 푸르던 잎들도

시간이 지나면 낙엽으로 밟혀 부스러지는 것처럼.

그러나 내가 원기를 사랑했던 삶의 흔적은

분명 내 아들의 마음에 영원히 남을 것임을 믿는다.

그리고 그 사랑의 흔적이

나와 내 아들을 천국에서도 만나게 해줄 것임을 확신한다.

내 삶에 남은 확신 하나는 이것뿐이다.

원기
이야기

가면라이더를 좋아하는
올해 열여섯 살 학생 홍원기입니다.

제가 생각하는 '기적'이란 지금도 계속 살아있고
또 누군가를 만나는 것입니다.

제가 가장 행복할 때는
가족과 밥을 먹거나 가면라이더를 가지고 놀 때입니다.
가족과 같이 밥을 먹으면서 이야기하면
너무 행복하고 즐겁습니다.
그리고 제가 좋아하는 가면라이더를 보면
항상 뭔가 희망이 생기고 용기가 납니다.

제가 하나님께 받은 가장 귀한 선물은
저 자신, 제 가족, 그리고 친구, 학교입니다.
만약에 제가 태어나지 않았더라면
이런 많은 경험을 해보지 못했을 것입니다.
그렇다면 가면라이더라는 재밌는 애니메이션도 찾지 못했겠죠?

가족이 없었더라면 아무것도 해내지 못했을 텐데
가족이 옆에 있기에 더 뭔가를 해낼 수 있습니다.
학교가 없었더라면 계속 심심하게 지냈을 텐데
학교에 다니다 보니, 보다 재미있고 활기차고 생기 있게
지낼 수 있었던 것 같습니다. 학교에 좋으신 선생님들과
재미있고 좋은 친구들이 있기에 즐겁습니다.

저의 꿈은 재미있는 음악을 만드는 것과

유튜브를 계속하는 것이고,

동시에 구독자가 백만 명을 돌파하는 것입니다.

그리고 무엇보다
앞으로도 행복하게 사는 것이
제 꿈입니다.

에필로그.

허락된 시간 인정하기

원기가 소아 조로증임을 알고 그것을 받아들이기까지
4년 남짓의 시간을 보냈다.
어느 날은 현실을 받아들이고 잘 살자 하는 마음이 들었다가
또 어느 날에는 허공에 대고 삿대질을 해가며 괴성을 질러댔다.
정말 오락가락했다. 내 마음을 나도 어찌할 수 없었다.
그런데 지금 생각해보니 다 필요한 과정이고, 허락된 시간이었다.
하나님을 떠나있으나 몸은 어쩔 수 없이 교회에 있던 그 시간 가운데
나는 하나님에게 버림받았다고 여겼던 내 아들을 성심껏 돌봤다.
그러면서 원기와 매우 가까워졌다.
계속해서 친밀하게 정말 끈끈한 부자 관계가 됐다.

그래서일까 어느 날부턴가 내 아들에 대한 애틋한 마음이
하나님의 마음이 아닌가 하는 생각이 조금씩 들기 시작했다.
그러다가 할머니 권사님들에게 진한 위로를 받고,
그분들의 삶을 통해 신앙의 힘을 깨닫게 되었다.

거기에 책을 읽으면서 '내 신앙이 이렇게 피폐하게 되었구나.' 하며
나를 돌아볼 계기가 있었고,
'내가 목회자로서 어쩌면 여기 계속 남아있는 게
하나님의 계획하심이었을 수 있겠다.'라는 고백을 드리게 됐다.

그렇게 허락된 시간이 흐르고,
미국에 가서 미겔과 미겔 엄마를 만날 기회를 얻었다.
거기서 난 또 한 번 무너졌다.
원기만 아픈 게 아니었다는 것,
원기와 같은 병을 앓고 있음에도
너무도 열악한 환경 가운데 사는 미겔을 보며
나도 모르게 기도가 흘러나왔다.

"하나님, 제가 이 아이들을 위해서
할 수 있는 일이 무엇인가요?"

하나님을 향해 퍼붓던 원망과 절규가
진심을 담은 기도로 변한 것이다.
내 변화가 스스로 놀라웠다.
그곳에서 원기 치료 약이 실패했을 때도
예전 같았으면 분명 원망을 퍼부었을 텐데, 웬일인지 아니었다.
'이 약이 이렇게 원기한테 독하면 다른 아이한테도 안 좋을 텐데,
이걸 왜 쓰는 걸까? 하나님, 제발 다른 좋은 약을 주세요!'
내 입술을 통한 고백이 그렇게 조금씩 달라지고 있었다.

원기의 줄기세포 치료를 위해 내 살과 피를 주면서는
예수님의 십자가가 얼마나 어렵고 위대한 사랑이었는지 깨달았다.
두 번째 수술을 할 때는 고통 때문에
정말 죽을 것 같은 공포를 느꼈다.
사랑하는 원기를 위해서는 죽을 수도 있다고 생각했는데,
막상 그 순간이 되니 정말 죽고 싶지 않았다.

그 순간 직감했다.
나를 위해 십자가에서 모든 피를 흘리신 예수님,
그 예수님의 십자가 사랑이 정말 쉽지 않은 것임을.
나를 위해 죽음까지 불사한 예수님의 그 사랑이
인간의 것으로는 절대 설명되지 않는 엄청난 사건임을.
뼈 마디마디가 아리도록 느끼고 깨달았다.
그저 교회 첨탑이나 목걸이 장식으로 여겨졌던 십자가가
내 마음 깊숙하게 새겨지는 순간이었다.

2017년 2월. 드디어 마음속에서 이런 고백이 터져 나왔다.
'하나님께서 이 아이를 내게 보내시고 맡기셨구나.'
내게 주어진 상황을 그제야 받아들였다.
한편으론 그런 나 자신을 보며 어처구니가 없었다.
내게 맡기신 것임을 그제야 깨달았으니 말이다.
그 뒤늦은 인정 앞에 비로소 감사하다는 기도를 드리게 됐다.

돌아보니 내가 헤매던 그 시간 동안
내 가족들이 얼마나 열심을 다해 원기를 돕고,
기도로 함께했는지가 보였다.
이것이야말로 믿음의 가정이 이루어낼 수 있는 신앙의 위력임을
눈물로 환희로 감사드렸다.

또한, 미겔을 통해서
'내 아들에게서만 끝나는 것은 그리스도의 사랑이 아니구나,
내 사랑의 확장이야말로 그리스도의 사랑이구나.' 하는
엄청난 깨달음도 얻었다.
그리고 나의 처절했던 몸부림을 통해 하나님께서 사명을 주시고,
불쌍히 여기는 마음을 주셨음을.
이런 귀한 마음을 하나하나 세밀히 발견했다.
더불어 진짜 신앙인이라는 게 무엇일지 생각하게 되고,
하나님의 마음과 사랑을 더 깊이 묵상하게 됐다.

이 얼마나 놀라운가!
나는 이것을 고난의 신비, 복음의 힘이라 부른다.

하나님은 오늘도 계속해서 새로운 것들을 발견하고 나누게 하신다.
엉거주춤 걸어 다니는 원기의 모습을 보면서
안간힘을 다해 살아내는 것, 이렇게 살아있는 것이
얼마나 의미 있는 것이고 위대한 것인지 인정하게 하신다.
더욱이 하나님의 계획이 너무 놀라운 것은
우리 원기가 이 시대의 아픈 사람들에게
용기와 위로를 주는 도구로 쓰임 받았다는 사실이다.
절망의 늪에 빠져 한 걸음도 움직이지 못하던 시절에는
감히 상상도 할 수 없었던 일이다.
돌이켜보니 내가 하나님께 그토록 몸부림쳤던 이유는
결국 원기를 받아들이지 못해서 그랬던 건 아니었을까
못난 고백이지만, 이제야 그런 생각이 든다.

하지만 이 모든 시간이 하나님께서 이미 허락하신 것임을 안다.
내게 주어진 것들을 인정하고 받아들이는 몸부림을 통해
하나님은 나와 원기, 우리 가족,
나아가 원기를 만나는 모든 사람에게
당신의 오묘한 사랑과 기적을 직접 보여주셨다.
그리고 앞으로도 더 소중한 뜻을 계속 풀어가실 것을 믿는다.

하나님은 쉬지 않으신다.
우리가 미처 그분의 움직임을 느끼지 못하는 그 순간에도
하나님은 늘 일하고 계신다.
내가 하나님을 인정하고 그분께 나아가기까지
쉬지 않고 나를 돌보신다.
하나님은 우리 아버지, 나를 가장 사랑하시는 아빠이니 그렇다.

그 아빠의 마음이
이 순간 당신에게도
가장 든든한 위로가 되길.

미라클 가이

2021년 12월 9일 1판 1쇄 펴냄

지은이	홍성원
펴낸이	정양호
펴낸곳	도서출판 예수전도단
	그레이스 미디어(주)
출판 등록	1989년 2월 24일(제2-761호)
주소	서울특별시 마포구 성지1길 7(합정동)
전화	02-6933-9981 · 팩스 02-6933-9989
이메일	ywampubl@gracemedia.co.kr

ISBN 978-89-5536-619-8

책값은 뒤표지에 있습니다.
잘못된 책은 바꾸어 드립니다.